U0909340

山西省政协口述史（第一辑）

——委员提案里的山西故事

山西省政协办公厅　编

山西出版传媒集团　山西教育出版社

·太原·

图书在版编目(CIP)数据

山西省政协口述史 ：委员提案里的山西故事．第一辑 / 山西省政协办公厅编．-- 太原 ：山西教育出版社，2025．5．-- ISBN 978-7-5703-4302-7

Ⅰ．D628．25

中国国家版本馆 CIP 数据核字第 20242W3T25 号

山西省政协口述史（第一辑）——委员提案里的山西故事

SHANXI SHENG ZHENGXIE KOUSHUSHI（DI YI JI）——WEIYUAN TI'AN LI DE SHANXI GUSHI

责任编辑 李龙飞
复　　审 刘继安
终　　审 康　健
装帧设计 张　瑜
印装监制 蔡　洁

出版发行 山西出版传媒集团·山西教育出版社
（太原市水西门街馒头巷 7 号　电话：0351-4729801　邮编：030002）
印　　装 山西润金容印业有限公司
开　　本 890mm×1240mm　1/32
印　　张 10．25
字　　数 180 千字
版　　次 2025 年 5 月第 1 版　2025 年 5 月山西第 1 次印刷
书　　号 ISBN 978-7-5703-4302-7
定　　价 68．00 元

编纂委员会

编纂人员

主　　编：王泽周

副 主 编：潘广国　梁　慧

成　　员：卫清萍　王时杰　邢艳军　刘　婧　刘玉亮　刘倚欣　刘瑞娟　李松涛　李海辽　杨哲强　杨速胜　张　斌　张玉丽　张金亮　张峻嵘　陈嘉琪　武海燕　范继英　罗斌宏　岳丽萍　郝家正　柳　霞　拜江宏　贾云霞　徐建斌　常栓青　韩珮瑶　薛文俊

编辑整理：王　磊　戎　浩

前　言

在历史的长河中，每一次社会的进步、文明的跃升，都离不开那些心系家国、勇于担当的人们。在山西这片古老而又充满活力的土地上，政协委员们以他们的智慧、勇气和行动，书写着属于这个时代的辉煌篇章。《山西省政协口述史（第一辑）——委员提案里的山西故事》，正是这样一部记录着政协委员们参政议政、履职为民心路历程的珍贵著作。本书通过3个专题，生动讲述了14名省政协委员在交通、水利、医疗等民生领域，如何通过深入调研、积极提案，推动问题解决，促进山西经济社会发展的感人故事。这些故事，不仅是对政协委员们辛勤付出的最好见证，更是对改革开放以来山西巨大进步的生动诠释。

在交通专题中，我们见证了从大学城公交线路的开通到立体交通网络的构建，再到行车难、停车难等“城市病”的有效缓解。每一件提案的背后，都是政协委员们脚踏实地、深入调研的身影。他们以实际行动践行“人民政协为人民”的宗旨，让交通成为连接民心、促进发展的桥梁，让山西的每一步前行都更加坚实有力。

水利专题则是一幅人与自然和谐共生的壮美画卷。政协委员们以科学严谨的态度，深入汾河之畔，倾听自然的声音，回应民众的期待。从水污染治理到水质提升，从河道整治到生态修复，他们的提案如同一股股清流，滋养了干涸的土地，让这条母亲河再次绽放出璀璨的光芒，成为山西生态文明建设的一张亮丽名片。

医疗专题则是对“健康山西”愿景的深情呼唤。面对医疗资源分布不均、基层医疗服务能力待提升等挑战，政协委员们以医者仁心和专业素养，深入基层，贴近群众，提出了一系列富有创见和实效的提案。从强化基层医疗体系建设到助推山西医疗改革，他们的努力旨在构建更加公平、高效、温暖的医疗体系，让每一个山西人都能享受到健康带来的幸福与安宁。

本书记录的14名政协委员，他们来自不同的行业，拥有不同的身份——教授、律师、企业家、医生、政府官员……但无论身处何方，他们都有一个共同的名字：政协委员。这个身份，赋予了他们责任，也激发了他们的使命感。他们深入基层，了解民生，反映百姓诉求，用自己的专业知识和社会影响力，为山西的发展贡献智慧和力量。他们的故事，是政协委员们认真履职、扎实调研的生动体现，也是他们热爱政协事业、奉献社会精神的真实写照。

《山西省政协口述史（第一辑）——委员提案里的山西故事》，不仅是一部记录政协委员们参政议政、履职为民的珍贵史料，更是一部激励人心、传承精神的生动教材。它让我们看到了政协委员们如何通过提案，解决民生问题，推动社会进步，也让我们感受到了他们对政协事业的热爱和对人民的深厚情感。在新时代的征程上，我们期待更多的政协委员能够继承和发扬这种优良传统，积极建言献策，广泛凝聚共识，为山西的发展、为人民的幸福贡献力量。

编　者

目　录

交通专题

水利专题

医疗专题

交通专题

关爱学生是提案的初衷，909路开通对大学城意义非凡

张　原

> 作为一名政协委员，在感到光荣和自豪的同时，感到自己还担负着传承红色基因的使命。我要时刻保持强烈的社会情怀，认真做好政协委员的每一项工作，积极参政议政，扎扎实实做好每一次调研工作，做好每一次提案的撰写工作，不论是从宏观层面，还是微观层面，都要体现出政协委员的一种责任感和担当意识。

张原，太原师范学院文学院副院长、教授，第十一届、第十二届、第十三届山西省政协委员。2015年提出《关于加快解决晋中大学城交通及公共运力问题的建议》提案，被列为重点提案，推

动了909路公交车的开通，改善了大学城的公共交通面貌。

传承红色基因，赓续红色血脉

我的成长经历非常简单。大学毕业后，我在山西经济日报社工作了大约6年，然后进入高校，一直从事教学工作。我的专业是新闻传播学，我所从事的职业，所教的专业以及研究方向，都主要围绕新闻传播学。我于2007年进入高校，现任太原师范学院文学院副院长，主要从事教学工作，包括一部分教学管理工作。

我是从媒体进入高校的，这是我职业发展的一个转型。很多人会问我这样的问题：从记者转型到高校教师，你觉得最大的不同是什么？实际上，我更多地关注两者之间的融合。我从媒体转入高校时，正是我国新闻传播学教育事业刚刚发展到一个相对繁荣的阶段。在新闻传播学教育领域，尤其在山西省，缺乏一些具有媒体行业背景的专业教师。在完成完整的学术训练后，我又进入高校，更多地将新闻行业的经验知识带入高校，延续了我个人的专业发展。因此，我更多地看到的是两者的融合。如果说有变化或跨度，实际上更多的是一种职业角色上的变化。

在做记者时，我们强调铁肩担道义，具有促进社会进步的社会责任意识和公共情怀。在进入高校后，除了这种责任意识和情怀，我们还要坚持立德树人，注重对学生的关爱。实际上，这种转变是综合了实践经验和理论研究的两种路径，我认为这更多地体现了其优势，同时也体现了对学生培养的一种长处。

我的曾外祖父邓初民先生是我国著名的民主人士，也是我国马克思主义政治学的奠基人。中华人民共和国成立后，他担任过山西省副省长和山西大学的第一任校长，因此，山西教育界对老人非常了解。

山西大学的初民广场、初民学院、邓初民讲堂等一系列由他的名字命名的学校广场、教学平台、科研平台等，充分体现了山西省教育界对邓老的纪念。

我从小就在老人身边，特别是外婆，即邓老（邓初民先生）的女儿，一直抚养我长大。我是听着他们的革命历史故事长大的，所以我对政协工作并不陌生。他们在成长过程中参与了很多革命活动，同时也推动了人民政协政治协商制度的建设。

后来，我的外婆、母亲以及姨妈都参与了政协工作，成为各个省份不同层级的政协委员。实际上，除了我的曾外祖父，我的家庭也对我从事政协工作产生了很大影响。我认为主要有两方面的原因：一是对政治协商制度的理解和认知，二是对社会的责任感以及推动社会生活发展的贡献。在从事政协工作时，我不仅是在做这项工作，还担负着传承红色基因的使命。

初入政协

我从第十一届开始，连续三届担任山西省政协委员，目前是第十三届山西省政协委员。

在担任省政协委员期间，我的提案涉及教育领域，包括基础教育、高等教育和职业教育。在担任第十一届和第十二届省政协委员时，我们讨论了很多关于教育的问题。由于我在教育界别，所以我们围绕山西教育发展提出了很多相关建议。除了教育之外，还提出了社会民生的问题，如交通、幼儿园和养老问题等。在 2019 年底疫情突发后，我们提出了关于开展线上教育的建议。当时很多学校开始线上授课，学生、家长和教师都面临很多挑战，因此我们还提出了关于推进教育数字化的建议。

我还记得第一次参加政协会议时的情景，当时我 39 岁。第一次参加全会前，省政协邀请了全国政协的相关专业负责人，为我们进行关于如何做好参政议政工作的培训。在大会召开时，铿锵的报告声在会场回荡，委员们凝神静听，认真领会，这让我感受到作为政协委员肩负的责任和使命。

2013—2017 年，我担任第十一届山西省政协委员（教育界别）。教育界别的委员，大部分是来自各高校的校长、书记、专家和学者，他们的站位都非常高，在教育行业有丰富的经验，他们对教育事业充满热爱和责任感。他们不仅站在个人角度看待学校问题，更多的时候是站在教育全局的角度，作为教育学者和领导者，关注山西教育发展中的问题。

当时我第一次担任政协委员，印象特别深刻的是大学城正在建设中，许多高校也在陆续搬迁。因此，围绕大学城的建设和发展，我们这一届政协委员提出了许多有价值、有意义的建议。我们大家讨论了大学城的发展、基础建设、环境建设以及教育资源等问题，提了一个集体提案，这也为那一届政协委员的工作画上了一个圆满的句号。

这是一个综合性的提案，包括解决大学城教师的住宿问题、公租房问题、交通问题、治安问题，以及如何丰富教育资源和人才引进问题。

当时我是联名提案者，而非主要提案人，所以不太清楚具体答复内容，但我们实实在在感受到了大学城的变化。一开始大学城的公租房仅针对部分教师，如学校只有一个名额，教师们需要根据自己的年龄、职称条件申报公租房。后来基本上满足了所有提出申请教师的要求，解决了教师在大学城的住宿难题。

大学城交通问题的提出

在我们搬到大学城时，陆续有高校进驻。当时大学城约有 10 万学生，由于交通不便，这些高校学生的日常出行、周末以及放假返校上学等方面都受到影响。在这个过程中，交通问题成为一个特别敏感的问题，原因何在?

实际上，在我们入住大学城时，晋中市政府就已经布局了一些公共交通。但随着大学城学生入住人数的增加，这些公共交通已经无法完全满足学生们的出行需求。当时一个非常明显的特点是，学生的出行有其自身的规律，与其他地区的规律是不一样的。例如，在上课期间，基本上没有学生坐公交车。但是一到周五下午，即使学生们不回家，他们也想去太原市中心逛一逛。当时我提出这个提案非常偶然，有一位大一的学生在 9 月份刚进入新校区，他告诉我，他周末想去山西博物院，但不知道该坐哪条线路的公交车。他说他坐了一辆公交车，结果把他拉到了榆次。

大学城的出行高峰比较多，而且分布在好几个时间段，不是均衡的早晚高峰。相比之下，公交车的车次是比较少的，而且当时大学城的范围已经比较大了，很多公交车都要先绕行一圈，而我们学校因为离太原市比较近，所以这些公交车往往是绕行一圈后才到我们学校，那么学生们在乘坐公交时就发现了两个问题，一个是等车时间长、乘车难，另外一个就是乘坐的时间也特别长。

2014 年，孩子们假期结束返回学校，他们跟我说："老师，我们今年特别方便。"我说："你们怎么方便了?"

一个学生说："因为我有了私家车司机的电话，我给他打了一个电话，他就愿意到车站来接我。"还有的学生说，出去实习也可以自己电话联系这些私家车。孩子们都比较年轻，在联系私家车的过程当中，其实就有了安全风险，私家车私拉乘客给学生带来了很大的安全隐患。孩子们年龄小，尤其是我们学校有很多女学生，她们可能意识不到风险的存在。

2015 年，中国人民政治协商会议第十一届山西省委员会第三次会议召开

通过走访，我们了解到学生在乘坐公共交通过程中仍然面临很多困难。虽然网约车和出租车很便捷，但是对于学生，他们缺乏强大的支付能力，在很大程度上依然依赖

公共交通。在这种背景下，我于 2015 年提出了《关于加快解决晋中大学城交通及公共运力问题的建议》的提案。

在提出这个提案前，我们进行了大量调研。其中一个是针对本校学生，这样操作相对方便。

因为我的专业是新闻传播学，我们的学科和课程具有一个特点，即许多采访新闻实务类课程需要学生面对社会问题，所以，我会将政协提案的议题或敏感热点问题抛给学生，让他们先进行社会调查。课堂上的讨论既是课堂教学内容，也是我自己进行的社会调查。首先，我调查的是我的学生，在这个过程中，很多学生也借助这个课题进行了社会调查，这是一部分群体。另一部分群体包括除了我们学校之外的其他高校，我们了解到太原理工大学、山西医科大学和山西传媒学院等高校的学生在乘坐公共交通工具方面的问题。还有一个群体是高校教师，当时各大高校都有自己的班车，但很多不开私家车的教师也需要依靠公共交通工具，尤其是一些因课程时间安排受到影响的教师，可能由于误了学校的班车或者在没有班车的时间段选择公共交通工具出行。

在 2015 年，尤其是大学城初步建成阶段，很多教师乘坐公共交通工具，这些群体面临许多困难。我们采访过一些出租车司机，他们表示不愿意搭载大学城的师生，其中一个重要原因是返程时他们不愿意空跑。例如，从太原站或太原南站拉客人到大学城后，如果返程是空车，乘车人需要承担往返费用。当时一些出租车司机都不打表，基本上要价较高。这个问题实际上是当时反映较多的一个问题。同时还有学生反映，他们乘坐公交车就像沙丁鱼罐头里的沙丁鱼一样，甚至都挤不上去。早晨他们 8 点钟开始等车，经常要到 11 点钟才能等到公交车，尽管公交部门也注意到了这个问题，在节假日增加了车次，但学生们仍然反映了很多坐车难的问题。

还有一个情况就是我们当时要招生，现在的孩子们对学校的交通条件、住宿条件是比较敏感的，有很多学生在入校之前对大学城的这些设施是有过了解的。一些学生入校之后，他们跟我讲当时听说来大学城是没有公共交通工具的，所以他们就提前都约好了车，或者用其他办法解决这个问题，包括住宿的条件会不会影响他们填报志愿，孩子们都跟我讲过这样的一些经历，所以说提这个提案，我还是做了比较扎实和广泛的调研的。

在提出提案过程中，我得到了许多高校领导的支持。许多高校领导非常关注山西高等教育事业的发展，特别关注大学城的建设。在提出这个问题后，他们认为这是一个能够真正解决大家实际问题的议题。为了扎实做好调研工作，他们给我提了许多建议，例如在提出提案时，应该提出更便于真正解决这个问题的办法。

如果我仅仅泛泛地提出建议，那么是否能最终解决学生的出行问题？因此，我们需要提出具体的改善建议。首先考虑如何通过增加现有公交车班次，最大限度满足学生出行需求，特别是学生在周末节假日的出行需求。其次，我们发现了太原南站没有直接到大学城的公共交通的漏洞。当时我召集了很多学生现场讨论这个问题。学生们反映，他们来太原主要乘坐动车，落地是太原南站。由于太原南站未开通直达大学城的公交，我们认为这是一个很大的空白点。如果能增设这样一趟公交车线路，学生们会感受到交通的便利，实际上也能大大缓解大学城部分交通不便的压力。

当时还提到了如何解决出租车不愿意进入大学城载客的问题。但由于出租车有属地管理问题，交通部门暂时无法彻底解决这个问题。后来随着网约车的普及，一定程度上解决了“打车难”问题。

另外，当时太原的公共自行车已投入使用，但榆次大学城尚未投放公共自行车。因此，我们将这些内容纳入政策和建议中。大学城的范围较广，使用公共自行车能缓解交通压力，并且是公共交通的一部分。当时我们提出了增设公共自行车的建议，政府部门采纳了我们的建议，投放了公共自行车。

提案中最关键的还是增设公交线路的问题。当时已经

2015年1月28日 星期三

走近两会·委员履职

29 山西晚报

两份政协提案这样完成

过去的一年，省政协委员们究竟是如何履职的？召开的省政协十一届三次会议，来自基层的委员们又会带上哪些好的提案、社情民意上会？会前，他们又做了哪些努力……省政协会议召开前夕，本报记者走近两名政协委员，听履职，谈想法。

一份提案 为大学城10万学生“喊”公交

委员名片：张原 山西省政协委员、太原师范学院影视艺术系主任

“保守估计，大学城如今有10万学生，可现在只有两路公交车，你也许不信，每到周末我的学生要等3个小时才能坐上回太原的公交。这就是大学城的交通现状，公交等基础设施严重短缺。”张原说，今年省政协会议期间，她会和其他政协委员一起递交大会一份提案，目的就是为这10万学生“喊”来更多公交车。

亲自体验高峰公交车 挤到人贴人

政府购买服务给每个社区配上“娘家人”

委员名片：萧芬芬 山西省政协委员、太原市妇联主席

距离省政协十一届三次会议还剩下不到一个星期的时间，省政协委员萧芬芬的提案已经写好。“长期从事妇联工作，所以妇女、儿童一直是我最关注的，同时作为一名政协委员，希望将基层调研结果通过提案方式得以解决。”萧芬芬说。

去年，萧芬芬在太原市杏花岭区调研时，关注到因病致贫家庭的问题，并由此发现社区缺乏专职妇联工作人员的问题，在即将带上大会的提案中，萧芬芬建议通过政府面向社会购买专职妇女工作岗位，解决这个问题。

调研：贫困家庭多为因病致贫

建议：购买公共服务 设立专职人员

2015 年，《山西晚报》对张原的提案进行报道

开通了 902 路和 903 路，主要还是集中在这几条公共交通线路上。这几路车主要为大学生服务，基本上在大学城的高校都有站点。但当时广大师生反映乘车体验不是很好。高峰期学生等车时间特别长，普通时间不到峰值时，基本上是半小时一趟车，峰值的时候大约是 15 分钟一趟车，沿途车辆挤满了学生，特别是在周五下午、周六上午和周日下午，表现得较为明显。另外，收车时间较早，有些教师下午 6：30 下课，稍晚一点，7：30 左右下课，乘坐公交时

就已经没有车了。

省交通厅认真答复，现场督办

第一，关于增加配车并缩短发车间隔的问题。从太原南站、武宿国际机场出发到达大学城的公交线路，当时有5条，太原、晋中两市的公交企业共投入公交车辆133辆。山西省交通运输厅会同有关部门协调太原和晋中两市的交通运输部门，以及公交企业和高校新校区建立公交服务保障联络联系制度，要求各院校提前向公交首末站或公交企业通报本校师生的重大出行计划，公交企业根据通报进行调整，特别针对学生较为集中的周五、周六、周日，他们提出要适时增加运营趟次，满足沿线师生出行需求，继续督促太原和晋中两市的公共交通主管部门，根据客流量变化灵活调整运力，延长运营时间，保证出行顺畅。

第二，关于开通大学城到并州路、新建路、小店的公交线路的问题。在答复中，他们提出通过换乘901、902、903等几条线路，换乘到太原各地区，基本上可以到达目的地。但若要实现零换乘，还需要进一步合理规划。

第三，他们已经答复了关于建设大学城内公共自行车服务系统的问题。这一工作进展相当迅速。我记得在提案提出后，在开学的九、十月份，晋中市已经投放了部分公共自行车和共享电动车。

山西省交通运输厅

晋交提〔2015〕5号

关于对省政协十一届三次会议D类第794号提案的答复

尊敬的张原委员：

您好。您提出的“关于加快解决晋中大学城交通及公共运力问题的建议”收悉。经我们认真研究后，现答复如下：

一、关于增加配车、缩短发车间隔问题

目前，经过太原铁路南站、武宿机场到榆次的公交线路有901路、901支线、902路、903路、903支线5条线路，太原、晋中两市公交企业共投入公交车辆133辆（太原投入51辆，晋中市投入82辆），日均运行463趟次。其中，901（含901支线）路投入76辆（太原31辆、晋中45辆）、日均运行289趟次（太原109趟次、晋中180趟次），902路投入40辆（太原11辆、晋中29辆）、日均运行132趟次（太原16趟次、晋中116趟次），903（含903支线）路投入17辆（太原9辆、晋中8辆）、日均运行42趟次（太原24趟次、晋中18趟次）。我厅还会同有关部门协调太原、晋中两市交通运输部门、公交企业和高校新校区建立了公交服务保障联络联系制度，要求各院校提前向公交首末站或公交企业通报本校师生重大出行计划，公交企业根据通报信

山西省交通运输厅对张原的提案进行答复

在回复提案中提到，晋中市计划分期建设500个公共自行车服务点，目前已进入规划修订阶段。大学城内将建设的80余个公共自行车服务点已完成踩点，预计7月底陆续投入使用。开学后，这些服务点将全部投入使用。公共自行车有押金，当时学生反映押金较高，后来征求师生意见降低了押金。公共自行车和共享电动车逐渐在大学城中广泛使用。

第四，关于将大学园区内非法运营车辆转为合法运营

车辆的问题。正如我刚才提到的，大学园区客流以学生为主，并非出租车运营的主要市场，因此需要进一步加强监督和督导。

第五，关于建设大学园区出租车网络平台的问题。当时整个社会平台的建设还不是特别完善，交通厅表示，将根据我提出的提案，在各市县对这个行业进行适当的规划，科学预测出租车、网络平台预约出租车的发展。

当时这个提案的主要回复内容与后来的政协督办过程中的具体方式方法有很大关系。政协提出提案后，因为是重点提案，有一个督办流程。在督办过程中，我们需要到现场了解问题和掌握督办进展情况。

当时省政协邀请相关督办部门现场面对提案者，与我们进行当面沟通和答复。在督办过程中，我见到了省交通厅相关部门的负责人，他再次征求了我的意见。我针对在太原南站和大学城之间没有直达交通工具的问题提出了建议。交通部门采纳了我的建议，他们进一步研究了解决方案，便有了后来的 909 路公交线路。

909 路直通大学城

我印象中，从建议的提出、后期重点提案的督办，直到 909 路公交线路的开通，是很快的，大约半年时间。提案是在 2015 年山西省政协十一届三次会议提交的，重点提案的督办，在当年五、六月份已经进行了好几次。到了11月份，已经有新闻报道显示，909路即将开通。

我是通过交通广播得到这个消息的。在交通广播里说，记者从省交通厅获悉了一条消息，提到了909路即将开通。当时印象特别深刻，我那天开着车在上班的路上，突然就听到了这么一条新闻，我一下子就联想到前期的调研活动，我想这个事情得到落实了，虽然没有在第一时间反馈给我，但是通过这样一个新闻媒体向大家传播这样一个信息，我觉得这种方式更好。

我第一次提交提案是在2015年1月，在7月份督办过程中，我又提出了新的建议，明确提出希望增加一条从太原南站到大学城的公共交通线路，也就是说从这条建议的提出到909路的开通，其实也就三四个月的时间，应该算是落地非常快的。

当时正值我们进入期末考试，学生们即将放假，听说有一路公交车可以直接到太原南站，很多学生都非常开心。

公共交通的改善对于推动大学城的发展还是具有很大作用的。因为公共交通和其他方面的基础设施，在很大程度上都会影响到学生的日常生活，对正常教学工作有保障作用。在招生的过程中，很多学生在填报志愿时，都会主动了解学校周边的公共交通设施和环境。公共交通的便捷性和便民性在很大程度上提升了山西教育的美誉度，不仅对学生，包括对家长也是如此。当时因为开通了 909 路、投放了公共自行车和共享电动车，并在大学城广泛推广，为学生带来了很大的便捷。

通过这样一个提案最终落地，我当时有一个非常深刻的感受：作为政协委员，在提出建议时，我们都抱着希望问题得到解决的初衷，但在提出建议时，我们一定要注重解决问题的落点。也就是说，当这个提案提出来后，政府和相关部门是否能找到合适的方式和方法解决它？在我的工作经验中，找到一些小切入点并提出具体问题在很大程度上能推动我们的工作发展。因此，在担任第十二届省政协委员时，我与委员交流时也谈到过这样的感受：政协委员在提出建议时，一定要注意提出提案和建议的落点。参政议政不仅要把问题说出来，还要把解决问题的方法提出来，就是如何才能解决这个问题。实际上，提出解决问题具体的方式和方法以及找到一些小切入点，这样的建议可能会更有效。

太原交通变化日新月异

近 10 年来，我深刻感受到山西太原整个城市发展变化所带来的正面影响，特别是在快速路修建和城市公共交通网络建设方面。另外，地铁 2 号线的开通使太原成为拥有地铁的城市，这对山西经济社会发展是一个非常重要的标志。

目前，随着私家车的增多，停车难、交通拥堵等问题正日益呈现。例如，我们曾对太原南站道路交通提出相应的建议，交管部门采纳了这些建议。后来，他们开通了太原南站东广场，缓解了西广场的交通拥堵。然而，目前仍然存在一些堵点问题。我认为这是对相关部门提出的新挑战，如何缓解或解决日益凸显的问题，满足大家在交通便捷和经济发展方面的需求，这是我们社会需要共同解决的问题。

我印象最深刻的是并州路的改造。整个改造一直延伸到五一路，因为我原来上班时，都是走并州路去大学城，后来并州路改造，改走建设路去大学城。当并州路改造完成后，我再走并州路时，都有了一种陌生感。道路特别宽，又有了快速路，整个城市形象有了很大提升。

另外，我认为滨河东西路的美化和改造非常有意义。在滨河东西两路中，有一些人行天桥的架设也非常重要，充分发挥了汾河两岸便民休闲的功能。因此，整个城市的发展离不开公共交通的建设和布局。

公共交通的建设和发展除了给我们带来生活便利之外，我认为最重要的是体现了整个太原市经济社会的发展程度。例如，地铁开通实际上是城市发展的一个重要标志，它从地面交通转型为多结构的网状式交通模式，对于推动太原市的经济社会发展具有重要意义。

在我作为政协委员的这些年里，公共交通一直是政协委员们持续关注的重点问题。这个问题在政协会上被讨论，实际上反映了公共交通是社会发展过程中大家普遍关注且急需解决的重点问题。就我个人来说，我对大学城公共交通的提案印象最深刻，它也是我在担任省政协委员期间经常和其他委员交流的一个提案。我认为最终得到解决和落地非常不容易，但实际上见到了成效。我们知道很多提案的提出反映了实际的问题，但有时候它与真正的具体落地和解决仍有一段距离。

在一些具体的小问题中，包括群众急难愁盼的问题，我认为真正解决和落地是有可能的。在我担任第十二届省政协委员期间，当时我在无党派界别，另一位委员针对交通问题提出了提案，他提出了滨河东西路的限行时间问题，问题最终得到了解决。对于公共交通的关注和具体解决问题，也体现了政府的执政能力。这对我印象深刻，影响较大，不仅增强了我的信心和信念，也增强了我作为政协委员的荣誉感和使命感。

政协工作对我意义非凡

由于我的跨行业经历和背景，在政协履职过程中，我觉得有很大益处。因为我们知道，记者在不同行业和领域采集各种信息，通过新闻报道推动社会发展。从职业角度来看，记者更善于捕捉问题、发现问题、了解社会民生以及反映社会民声。我认为这也培养了我对热点问题，尤其是民生领域大家关注的问题的敏锐度。另外，受过完整的学术训练后，我们更有自觉意识在理论方面进行探索，而非仅仅是经验之谈，我们可以很好地将经验与理论探索结合在一起。

在政协提案工作中，我的视角更加全面。有了理论训练后，我拥有了广阔的理论视野和根基。当我们提出提案时，我对自己提的问题更加关注。每次提出提案时，我会思考我的提案是否可以落地，是否具有科学性，是否针对政府和行业提出建议，以及是否真正解决了老百姓的问题。因此，在从事政协提案工作时，我不再是泛泛而谈，也不再是简单地就事论事的提法。这包括了丰富的学术积累、经验认知以及对社会的关怀。

政协工作对我个人成长产生了很大的影响，它激发了我更强烈的责任感，我一定要做好本职工作，利用政协平台推动山西经济社会的发展。

我从政协委员身上学到了很多专业知识，以及正确的工作方法。许多政协委员在提案中所反映的问题，有相当一部分暂时没有得到解决。但是大家始终不放弃，持续关注这些问题。每年他们都会获取新信息，不断补充和完善，最终使这些问题得到落实和解决。他们坚韧不拔的精神以及对社会问题的责任感，都对我产生了很大影响。

在我担任省政协委员期间，政协一直强调双岗履职。我认为，这要求每位政协委员既要做好本职工作，也要做好政协委员的工作。在日常工作中，本职工作和政协工作可能存在时间冲突，但我个人非常重视政协工作。如果存在时间上的冲突，我会尽量协调。若出现其他方面的冲突，我会尽量平衡两者之间的关系，在尽可能的时间和范围内，很好地履行政协委员的职责。

在担任第十一届省政协委员后，我对自己有了更多要求，希望在许多重要问题中能提出自己的建议和意见。在担任第十二届省政协委员时，一方面我更加熟悉了政协工作，另一方面我能更好地找到解决问题的角度和落点，并提出一些有建设性的意见。非常荣幸的是，2023 年，我又当选了第十三届省政协委员。现在可以说我是一个老政协人了。人民政协带给我的不仅是一种政治荣誉感，更让我有了一种集体归属感。

我一直保持着强烈的社会情怀，认真做好政协委员的每项工作，积极参与政协议政和各项活动。特别是在提案的提出过程中，扎实地做好每次调研活动和撰写工作。无论从宏观层面还是微观层面，都要体现出政协委员的责任感和担当意识。

现在我们不仅要谈论立德树人，还要强调高校服务社会的功能。实际上，这是一体两面的问题。在培育人才的过程中，我们必须具备服务社会的功能和意识。在这些方面，我认为山西的高校也在积极探索。通过不同的形式和载体，对山西整个经济社会发展中的一些重点热点问题，如科研平台的建立、专业人才调研报告的提出以及社情民意的提出，展开探讨。

我认为政协工作促使高校教师走出象牙塔，这一点非常重要。我们应以更广阔的视野关注社会，反思教学过程。在课程设置和培养学生的过程中，我们更加强调和注重对学生思想品德的培养。这不仅仅是知识传授，更强调学生如何形成正确的三观，把学生塑造成为对社会有价值、有意义的人。

我希望在这一届省政协委员履职中，能提出更多有价值且对社会有意义的提案。我们必须通过深入调查研究，了解相关人员，关注社会问题，提出有见地的睿智之言和务实之策。

看到提案变成现实是最高兴的事，履职为民靠的是认真工作和脚踏实地

傅银瑜

作为一名在省政协机关工作的共产党员，我们履职为民靠的是什么？认真工作和脚踏实地地反映老百姓的想法和愿望，直观体现在你为别人做了什么，做了多少？这些甚至都是可以量化的。通过每名政协委员的参政议政，为全省的经济发展、社会进步、环境改善等发挥作用，我认为这是政协工作最大的价值。

傅银瑜，第十届、第十一届山西省政协委员。2005 年 12 月至 2016 年 1 月，任山西省政协社会法制委员会副主任。2016 年 1 月至 2017 年 2 月，任省政协巡视员。2009 年提出《关于解决省城太

原停车、行车难的建议》的提案，重点建议增加停车位、发展公交优先；在2009年和2011年，分别参与《太原市应采取综合措施治理交通不畅难题》《关于加大基础设施建设，改善太原市交通事业的建议》两个联名提案，重点建议增加道路微循环、建设立体交通等，一定程度上推动了太原市的交通改善。

工作经历

我的工作经历主要分为三个阶段。从学校毕业后的第一个工作岗位是在忻州地区妇联。1990年，我在忻州地区统战部党委部门工作，6年之后又到忻州地区政协工委工作。2000年忻州建市时，我成为忻州市政协第一届工作人员。2005年，我被选拔到省政协社会法制委员会任专职副主任，直至2017年退休。

在省政协工作的12年时间里，我一直在社法委工作。当时委员会主任不驻会，专职副主任主持机关工作。我在省政协工作时，关心的社会问题和法治问题也最多。我们每年基本上一半课题是社会问题，一半课题是法治问题。例如社会养老、社区建设、社区矫正、戒毒等社会问题以及未成年人保护，这些都是我们的研究方向。

从效果来看，只要是认真履职，能提出可供参考的意见和建议，政府有关部门都会认真对待。我记得每年专题议政时，政府有关部门都会给我们文字回复：采纳了哪些意见，在采纳意见后，做了哪些工作，都有这方面的反馈。这也鼓励了我们每年更多地关注社会问题，研究实际问题，尽量提出接地气的意见和建议。我认为只要扎实工作，能够创新，就能践行为人民服务的宗旨。

傅银瑜（左前）参加实地调研

如何开展课题调研

政协的工作主要有三大职能：政治协商、民主监督和参政议政。要想发挥好这三大职能，最好的抓手是协商制度。这是大家普遍认可的并且在实践中非常有用的抓手，也就是四个协商：提案办理协商、专题协商、界别协商、对口协商。

政协分为若干个专门委员会，将社会管理的各个方面切分成若干块，例如经济委员会、文化文史和学习委员会、教科卫体委员会、民族和宗教委员会、人口资源环境委员会、社会和法制委员会、农业和农村委员会等。这些专门委员会与党委、政府相对应的部门是对口协商、工作联系和监督关系。政治协商、民主监督、参政议政这三大职能通过若干委员会介入社会管理的各个方面，对政府的若干部门进行对口协商和监督。总之，发挥政协人才库、智囊团的作用，为山西经济发展、社会进步、环境改善等方面贡献力量。为了发挥这方面的职能，每个专门委员会的职能定位都是很明确的。

每年我们的工作内容是，专门委员会在确定专题研究方向后，再决定采用对口协商、界别协商或者提案办理协商的形式进行，也就是选择好研究成果推进的路径。无论哪个路径，我们都需要与政府的相关对口工作部门合作，将专题调研的成果、思考和建议交给党委、政府，以发挥参政议政的作用。

民主监督也是如此。例如社会和法制委员会的工作，公检法司就是其对口部门，社会和法制委员会每年都要对公检法司进行民主监督。可能今年重点选择法院进行民主监督，明年会对司法局监狱管理方面进行监督。

关于社会和法制委员会的履职流程，我们每年都会制订专题研究计划。首先我们向委员征求意见，包括自己联系的各界别委员，一起讨论当年如何为社会法治方面的研究提供支持。我们会建议省政协举办专题常委会和议政会，征求委员的意见。征求综合意见后再进行计划撰写。

我们充分发挥委员会的人才功能，在这些工作的基础上综合平衡，挑选出当年群众呼声很高且迫切希望党委政府尽快解决的问题，确定好几个专题，向分管主席和主席会议汇报。一方面确定报了哪几个课题，我们需要完成哪几个；另一方面我们选择的课题可能会被纳入大课题，我们成为大课题的牵头承办部门。

那么课题确定下来以后如何组织推进呢？每年省政协主席会议上，要对报送的课题进行筛选确定，当我们报的课题通过后，此课题的责任也被分解到专委会。我们召开专委会全体委员会，通报今年的任务和课题。同时委员要选择一个自己熟悉、有能力和意愿参与的课题，通过报名确定下来。

当然其中也会有人员的调整。例如，我们认为某个研究领域的调研团队中没有需要的某一类委员，如教授、专家或者律师，他们在这方面会提出更有价值的建议，我们就与他们协商，进行调整。

在确定好人员后，每个课题都有一个实施方案。政协工作比较严谨，实施方案中将明确领导组成员和参加人员，例如今年的 5 个课题和实施方案都发给我们的委员，委员都会知道自己要参与哪个课题，我们就安排开展课题调研的具体时间，比如第一季度做哪个课题，提前与委员约定好时间和任务。

政协工作确实是一项细微的工作，不能行政命令大家来调研。例如，你需要提前一周与参加课题的委员联系，告诉他们委员会计划下周三至周五去运城调研，请提前安排时间，这样确保我们需要的人、愿意参加的人都能届时参加，这样才能更好地发挥委员的主体作用。

接下来就是考察调研的环节。我们通常会在各地市调研，每走一个地方都要召开一次座谈会，听取基层专题的情况汇报。听取报告后，委员们向有关部门发问，深入了解相关细节。在两三天的调研过程中，委员们可能发现一些问题，在提问互动的基础上，提出一些希望和建议，实际上已经表达了他们的想法。

考察结束回来后，委员需要撰写专题报告。撰写报告之前，我们会组织一次沙龙式座谈会。例如课题组织了3次调研，我们就邀请所有参与调研的委员们进行沙龙式座谈，讨论课题研究发现的突出问题，以及当前哪几个问题是最棘手的、影响最大的，然后大家集思广益，最终形成了对策建议的主体框架。

最后一个环节就是起草具体调研报告。

这就是我们的调研程序。

提案由头

因为我的岗位隶属于社会和法制委员会，工作重点一方面集中在社会管理和治理方面，让社会管理和治理更加有秩序；另一方面是法治，保持公平正义、有法可依、违法必究、执法必严。我们的工作职能本身就与交通、法治、社会管理息息相关。

2009 年，由我领衔提出了《关于解决省城太原停车、行车难的建议》的提案，重点建议加大停车位的建设、优先发展公交事业。另外在 2009 年和 2011 年，还分别参与提出了两个联名提案，分别为《太原市应采取综合措施治理交通不畅难题》《关于加大基础设施建设，改善太原市交通事业的建议》，重点提出增加道路微循环、建设立体交通的核心建议。

在提案形成的前几年，太原市的行车难和停车难确实是一个令人头疼的问题，老百姓有意见，政府职能部门也没有对策。因为当时的交通硬件和软件与人民群众的需求不匹配。

大家多次提出这个问题，我们就将它列为社会和法制委员会研究的专项课题。这个课题就是研究省城太原停车难和行车难的问题。它被列为专项研究后，我记得这个课题一共持续了 3 年。

这里讲一下工作流程。因为当年课题研究委员会已经成立，每年都有相应的课题。这是社法委的一个课题，我们请愿意参加的人报名参加我们组织的专题调研。这就要求委员中有精力、能力和专业知识的同志积极参与调研活动。根据每位委员意见的侧重点，综合若干条建议，形成一个关于停车难和行车难问题研究的主流观点报告。这是社法委一年履行职能的整个过程。

我们在第 1 年就将其作为专题，组织委员进行调研。在这个专题研究过程中，不同委员发挥各自不同的作用。我们不可能让大家都写综合性提案。我们会把这个大专题进行切分，大家各自负责不同的一块内容，合起来大家再进行研究，就是比较全面的一个建议。

我记得当时我们到太原市公安交通指挥控制中心和太原市公交公司等进行了调研。许多委员为了完成课题研究，在行车的不同高峰时段站在马路边进行现场感受调研。调研结束后，大家都认为这个问题非常重要。在我们掌握了大量第一手资料后，便组织了协商。第 2 年，我们开展了专题协商议政。

针对委员们连续两年提出的关于课题的重点提案，在第 3 年时，提案委和我们联合组织了重点提案督办。其中包含了许多委员的提案，都被列为重点提案。我也曾参与当时的重点提案督办。我记得那 3 年里，省政协副主席李雁红、周然带领我们进行过多次不同形式的督办活动。

突出问题

实际上，提出改善交通问题的提案也是源于我自己的亲身感受。我们每年都会组织很多专题调研活动，政协委员在参加活动时会遇到停车难和行车难的问题。因为大家在太原市的不同区域内居住，我们选择集合点非常困难，由于当时市区内交通不畅，车也不好停，无论选择了哪一个地点都很难协调时间。

我感受最深的一件事是我们多次组织调研，选到北面集合了，南面的同志发愁，选到南面了，北面的同志总是说："傅主任如果定到 8：30 集合，我们必须 6：30 出发，否则我们来了就会误事。"大家当时经常说，参加活动步行的人肯定是最不耽误时间、最准时到达的；骑自行车和骑摩托车的人可能不误事；开车的人就没点了。

我记得有一次在太原公交公司调研时，有两位委员开车去现场，他们其实早已经到了，就是没有办法找到位置停车。对于当时的行车难、停车难问题，大家都比较无奈。还有重要的一点就是立体交通的缺失。当时太原市没有立交桥和高架路，全是红绿灯控制，一路上走走停停很不顺畅，在路上会耗费很多时间。立体交通不仅包括立交桥和高架路，还有人行天桥。例如各个大医院门口，大家最熟悉的就是山医大二院和省心血管病医院，如果车辆堵到门口，行人和骑车的人就无法通行。如果有人行天桥就能很好地解决这个问题。

还有交通管制不灵活的问题。除了使用信号灯管制外，在拥堵最严重的地方，必要的地面交通管制是非常重要的，这个应该灵活掌握。比如学校周边，上学、放学时段应该有交通警察来疏导交通，这些都是我们当时提到的建议内容。

调研过程

我现在回想起来，有些委员认为微循环非常重要，他们会想尽办法，站在街头观察，或骑车在太原满街跑，寻找哪些微循环可以利用；有些委员关注城区的停车难问题，需要掌握第一手材料，走若干街道，了解小区停车位置以及车辆拥挤程度，大家统计出许多组具体的数据。

当时有人统计出杏花岭区可供停放的车位数和杏花岭区拥有的车辆数，比较两个数字，以此判断停车位是否合理。

各位政协委员从不同的角度，围绕我们的大课题，探讨已经发现的问题并提出合理的建议。

其中主要参与调研的，至少有 20 人，每年的课题我们可能需要进行 3 次调研，但不是每个人每次都能参加。统

傅银瑜（中）实地调研企业

计下来，每年真正认真参与调研的人有 20 名左右，都是主动投入精力来参与调研，发表他们的意见看法。

当时我们还组织了到外省的专题调研。例如省政协派人前往南京对公共交通事业发展课题进行调研，由分管副主席带队，组织一部分政协委员参与课题研究。委员们到南京公交部门现场走访考察，听取他们的经验和介绍，有值得借鉴的文件我们会把这些内容复印记录下来，结合山西实际，找出符合我们实际情况的、可以借鉴的内容，以便进一步完善建议思路。

核心建议

我当时的提案是基于太原市的实际情况，同时结合在外省调研时学习别人的经验，提出了一个解决停车难和行车难的提案。这个提案当时被列入省政协的重点提案，我也参与过督办。

提案中主要提到，当时的交通压力从静态角度来考虑，由于停车位少，公共资源利用和开放程度不够，因此，大街上乱停车现象严重影响了正常通行。但对于老百姓来说，乱停车是无奈之举。随着经济发展和老百姓生活质量的提高，购买车辆几乎成为每家每户的必需，停车问题会更加突出。

从动态角度来看，就是公共交通和立体交通发展滞后的问题。为了有计划地发展动态交通，我在社法委组织了相关课题讨论。当我们去太原市公交公司进行调研时，他们提出了许多现实问题，例如经费和规划问题。这些问题并非公交公司本身能解决的，而是一个涉及市政建设、道路建设规划和财力分配等的综合问题。于是我们提出应该建立财政给予公交车补贴的机制。

还有公交优先理念的提出。这个理念不仅政府需要树立，市民和公交公司都必须树立，交警也必须树立，这样才能确保公交车畅通无阻。我们去南京考察时，他们就提到公交优先，这是现代化大都市的理念。我们调研回来后提出了这个理念，那时候太原没有公交车专用道，一旦堵车，公交车、私家车都无法行走。

我们还提出了增加路边停车位的想法，这是基于我们到省外考察后与相关部门沟通的结果。例如，当时太原市没有咪表收费，车辆到处乱停且秩序不佳。因此，我们提出适当增加收费性停车位。比如在银行旁边设个临时停车位，停放 20 分钟就出来了，开车的人能够接受，也解决了乱停车问题。

我们在交通管制方面提出分时段分地段灵活管理的建议。时段是上下学时间，地段是学校周边、广场周围等，需要进行集中交通管制。集中交通管制后，孩子们的安全得到了保障，学校周边得到了疏通，行人、车辆能够有序通行，避免了交通乱象。

效果及变化

我提出提案后一直在持续关注，问题一步步得到解决，令人欣慰。

提案得到了政府的回复，回复中首先是采纳了我们的建议，并明确了要限期解决提案中的哪些问题。我感到当政协委员的提案被送到政府有关部门，政府的回应是最好的鼓励。我们提出的建议有价值并且能够被采纳，对政协委员来说是莫大的欣慰和鼓舞。而且我们也确实看到这些问题在一步步得到解决。

当年的公共交通，一方面公交车线路、车次较少，另一方面公交秩序也不好。乘客的乘车成本较高，包括分段计费也较高，后来实现了 1 元乘车，改善了很多。在后期的发展中，最大的变化就是立体交通的迅速发展。太原拥有了立交桥、高架路、地铁，微循环道路的建设也大大缓解了城市交通压力。特别是地铁从无到有，是太原公共交通质的飞跃。实际上公交优先不仅包括公交车，地铁也是公交。地铁开通后，我经常乘坐地铁，过去半小时的车程，现在十几分钟就到了，而且不受上下班高峰期的影响。所以公交优先让市民出行便捷又舒心。

我记得当年在研究修建地铁的建议时，还是有很多反对的声音的。有人提出太原必须修建地铁，有人认为太原慎修地铁，这两个观点争论得非常激烈。最终经过科学论证，开通了地铁。实践证明，地铁使整个太原市民受益良多，大大节约了时间成本，提高了效率。公交优先的理念从多个层面得到了很好的反映。

停车场和停车点的问题得到了解决，例如许多可以停车的路段都设置了收费停车位，有些地方甚至不收费，而是免费停车，大大改善了停车难的状况。

当时在城市建设规划中提到，小区建设需要将停车问题纳入建设规划，这是必须执行的。每个小区必须有停车设施，同时配套停车建设。之前我们认为这方面做得不好，但现在改观非常大。建设部门、交通部门和道路交警管理部门在落地执行上，都有很大改善。

财政对于公交车的补贴机制，两三年以后就实现了。太原市的公交公司改制是全省成功的范例，后来全省公交系统实现了全员改制。政府制定了财政补贴公交政策，太原市各方面有了解决问题的途径和办法。财政提供资金，让公交公司卸下包袱，可以轻装上阵，进行全新的发展。

其实，一个城市的公交发展与经济发展密切相关。从本地经济发展角度来看，交通便捷后，与经济发展相关的要素必然会提档升级，这有利于经济发展。

十几年前，我们的外资引入很大程度上受到了落后公交的限制。以前有些投资人不敢来太原投资，认为太原就像一个大集镇，一切交通都没有秩序，办事情困难，交通不畅，路上需要花费很多时间。交通事业发展得好坏与经济能否高质量发展密切相关，近几年我们看到在这方面有了明显改善。

我们履职为民，需要通过自己的调研和提建议来体现。政府的回复是一种鞭策，激励我们关注更多民生问题。同时我们委员也会更有积极性，因为履职为民是可以实现的。当你亲眼看到政府逐步在这方面进行完善和改进，你的建议正在发挥作用以后，更是值得高兴的一件事。

作为普通市民来说，我对太原近 20 年的交通变化也是感受很深的。从窗口效应来看，从落后的集贸市场城市变成具有大都市风范的窗口城市。其中，地铁的开通试运行是我认为最值得纪念的事情。地铁开通试运行公告发布后，我多次乘坐，感到非常兴奋。

作为省会城市，太原在这 20 年发展非常快，尤其是南部地区发展迅速，城市框架拉大，可以看到很强的都市效应。另外，从交通角度来看，尽管车辆数量非常多，但是道路基本顺畅，这是客观现实，堵车的情况时有发生，但是整体保持在可接受范围内。

当然，城市交通的变化也对我个人产生了重要的影响。我从小城市来到太原，一大半时间在小城市生活、工作，小城市生活节奏较慢，人员较少。2005 年来到太原后，我感到很不适应，坐到车上经常和师傅们讨论如何提前快速适应。当时我们到省委开会，常常需要提前一小时去坐车，现在看来完全是不可想象的一种情形。

我退休后自己乘坐公交，特别是在 65 岁办理了老年乘车卡后，我乘坐公交的次数更多，深有感受。公交优先出行确实能够体现出优先性，无论什么路段公交车都畅通无阻，非常快捷。有时候打车出行，很多出租车司机师傅聊到太原交通的变化，都非常感慨，很多人都说：自从太原开通了地铁、修建了立交桥和高架路、设置了公交车道，太原的路比以前畅通多了。

傅银瑜参加全国政协第 110 期干部培训班

政协工作之感受

我认为政协这个机构非常重要，平台也很好，它将各族各界人士、各民主党派团结起来，实现大团结大联合，是凝聚人心的最佳途径。这个组织是政治协商的重要机构，在原有基础上不断探索新方式和新方法，我相信以后会做得更好。

对于政协委员来说，5 年一届的选拔，是政协智囊团的不断更新。我记得社法委最多的一届分配了 87 名委员，这 87 名委员在这 5 年中如何履职，委员会的作用也是非常重要的，所以组织和个人的关系是相辅相成的。具体发挥哪些作用，主要看几个方面：一个是你的精力，有多少分配在为民履职上；再一个是专业背景和研究方向，能为解决具体事情提供智力支持。我们的作用就是最大限度发挥委员们的作用。

从我的工作经历来看，政协是重要的政治协商机构，实现民主的重要形式，也是我们国家治理体系的重要组成部分，整个社会都对其定位和作用高度认可。正因为如此，从我们开展活动的体会来看，我们想了解一些情况、走访一些人，从未遇到拒绝的情况，大多数人都会真心诚意地告诉你他们知道的事，很少遇到困难。

对于我个人来说，我既是政协委员，也是政协机关干部。别人认为政协工作比较清闲，没有任务和指标。但其实我们委员会服务的委员数量非常多，涉及的工作面比较宽，而机关工作人员仅有五六人，这里面需要做大量的协调工作，工作量其实很大，加班加点也是常事。

作为政协机关干部，我们必须自尊自爱，重视自己的工作和职责，认真履职。我之前在忻州市政协工委和市政协工作，分别担任副秘书长和研究室主任。我认为政协工作非常有干头。自 2005 年来到省政协后，我认为这一领域的工作平台更高，发挥作用的机会更多。

作为一名在省政协机关工作的共产党员，我们履职为民靠的是什么？认真工作和脚踏实地地反映老百姓的想法和愿望，直观体现在你为民众做了什么，做了多少？这些甚至都是可以量化的。通过每名政协委员的参政议政，为全省的经济发展、社会进步、环境改善等发挥作用，我认为这是政协工作最大的价值。

太原的交通变化让城市提档升级，每个提案都从为老百姓解决实际问题出发

王丽峰

作为政协委员，我感到非常欣慰。我的所有提案都是在进行了大量调查、对这个事情有了深刻的认知之后，自己编写的。因为我知道我要为自己这份荣誉负责任，我们要认真履行自己的职责。作为政协委员，你应该认真履职，既为政府提供建议，又为老百姓解决实际问题。这样才能真正担负起你的履职责任。

王丽峰，第十届山西省政协委员、第十一届山西省政协常委；曾任山西省妇女儿童发展中心主任，山西省女企业家协会常务副会

长、秘书长；《生活潮》杂志社总编。在政协履职期间，关注民生，反映社情民意，多件提案被评为重点提案。2011 年，作为联名提案者，提出《关于加大基础设施建设，改善太原市交通事业的建议》，促进了太原市的交通改善。

初入政协

我在毕业后曾到当时的省商业厅直属单位工作，后来加入报社，先后担任《生活潮》杂志社的记者、总编和社长，主要的工作经历都在杂志社。随后进入妇女儿童发展中心，从事妇女儿童工作。

传媒行业要求从业者掌握很多知识，作为一名杂志社的编辑，这是基本要求。编辑虽然不是专家，但必须是杂家，要涉猎的知识面宽泛，如果自身储备不足，对稿件的好坏判断可能无法达到这个标准。

作为总编，每个月审稿量达到 20 万字，对我的个人文化素质和文字鉴赏能力要求都是高水准的，所以不断积累对我非常重要。实际上，每个月能呈现在杂志上的内容只是一小部分。因此，要从 20 万字中筛选出有价值的文章，精中选优，选出老百姓最关注的这部分内容，这是有一定难度的。但这在一定程度上丰富了我观察社会的视角，也对我后期在政协的履职产生了很大影响。

无论哪种媒体的记者，我们都称之为“无冕之王”。

这个身份使你与各界交往更加频繁和自由，可以与许多不同身份的人打交道。你可以了解到最基层的人群，包括社会的各个方面，这些都有助于你了解各种社会阶层的形态。

而作为政协委员，我更多关注的是民生问题。出于记者的敏感度，每到一个地方我都会关注身边的人和事，在每次完成工作的同时，我特别注意收集别人的想法，如果这种诉求是共性的，我可以进一步调研，形成提案并提交上去。我之所以有那么多优秀提案，都与此有关。

我 2008 年进入省政协担任第十届山西省政协委员。第一次参加大会的情形还历历在目。我记得当时会议在南宫（太原工人文化宫）举行，那种感觉用庄严、肃穆、热烈的字眼表达非常贴切，当时确实是这样，自己在被认可和被认同的同时，还有一种自豪的感觉。

由于我记者的工作身份，比一般人涉猎的角度和层面更多。当发现一些问题时，实际上特别想通过特定渠道反映出来。在成为政协委员时，你的责任感和使命感会让你觉得终于有了一个可以发声的渠道，能够真正起到建言献策的作用。

因为我的优秀提案比较多，当时还在内部做过一个“如何写出好提案”的分享。当时政协有培训要求，他们可能觉得我的提案还行，或者在行文上或其他方面有独到之处，让我大概讲一讲如何写好提案。当时发言的不止我一个人，大概有五六个人。实际上，大家履职都有各自的特点，只是偶然的机会找到了你，希望你能够谈谈。这并不意味着你的水平一定很高，或者可以给别人做示范。

实际上，在初入政协培训时就已经对政协委员的提案提出了要求。提案内容要具备真实性，对国家政策、经济发展和民生改善都有帮助。提案的基本标准是帮忙且不添乱、到位且不越位。因此，要围绕职能职责进行调查研究，你不能仅凭个人兴趣，为完成任务写一个无中生有的东西，这样既不负责任，又给接到提案的部门带来麻烦。因此，调查研究、实事求是是完成好提案的基础。

当然，作为记者，本身对提案工作也具备一定的优势。写一个好提案，需要有更多看待问题的角度，需要对事情进行最终的归纳整理。

交通改善提案的提出

在太原交通方面，我提过几个提案，其中最重要的是在 2011 年，作为联名提案者，提出了《关于加大基础设施建设，改善太原市交通事业的建议》，在后期得到了落地实施。

说到太原的道路建设问题，比较明显的就是“断头路”特别多，实际上这是一定的历史原因导致的。太原的丁字路口特别多，很多路口需要左右拐才能走，不是所有路口南北东西都纵横相通，这对太原市后续发展产生了很多限制性影响。

实际上，以前的交通状况给生活带来了一定的困扰，身边有很多这样的经历。当年有一个朋友生了急病，他打电话告诉我他在太原市中心医院。原本路程很近，但是从桃园路开始一路上堵车，不畅通。当时那里有几道巷子，我记得市中心医院那个地方窄得很，堵了好久。虽然很着急，但过不去，真是插翅难飞。包括停车位少的问题，确实非常不便利。

在这个提案提出之后，不仅是我，许多政协委员都对此事具有敏感度，意识到改善交通的必要性，还注意到了交通出行对于经济建设和老百姓生活的巨大影响。交通建设的相关部门对问题的回复和执行落地也很积极。

微循环改造、停车位改善，市民出行体验显著提升

经过 10 多年的建设后，我认为道路交通状况已经得到明显改善。例如，我生活在桃园地区，桃园原来的许多路是不通的，都是从滨河路下来，你只能直接上桃园路。但现在从滨河路下来后，你可以先进入一个微循环，然后再去桃园路。桃园几巷、杏林几条路都能走，再到新建路，这是主要的交通干道。原来东西也不通，桃园三巷和四巷上不了滨河路，但现在都能上去了。包括单行线的设置，

解决了道路双向行驶的拥堵问题，道路拓宽了，微循环也打通了，之前那种拥堵的情况改善了。

这些举措对居民生活的改善和经济发展起到了非常好的促进作用。

停车位的改善也是实实在在发生的。比如你在马路边上走的时候，时不时都能听到这样的声音，“你看现在的道路比以前整齐多了，交通也方便多了”。

但从另一方面看，城市在发展，现在停车难的问题仍然存在，原因是太原市机动车保有量激增，停车位又很有限，除非你建立体车库，但需要有合适的空间来解决问题。这个问题并不是没有解决，而是形势发生了变化，人们的出行方式也发生了变化，所以会有新的问题产生。当年的问题已经得到解决了。

“大公交”理念源于其他城市的启发

在这个提案中，我们提到了“大公交”这个概念。实际上，太原是省会城市，但与北上广相比，甚至与杭州、武汉、西安等其他省会城市相比，我们的公交水平还有很大差距。

因此，在去其他城市考察后，我们发现太原需要发展公共交通。如果“大公交”发展得足够好，市民肯定会放弃私家车而选择乘坐公共交通出行。“大公交”完善后，为了出行方便和减少占用道路公共资源，大家会乘坐公共交通，使得公共资源能发挥更好的作用，这是非常有利的。

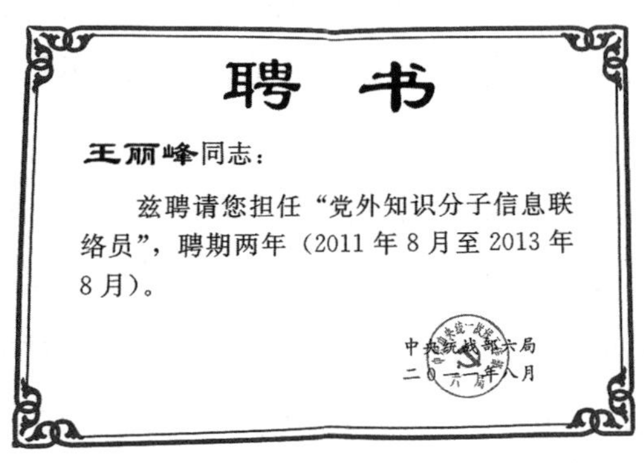

聘书

王丽峰同志：

兹聘请您担任“党外知识分子信息联络员”，聘期两年（2011 年 8 月至 2013 年 8 月）。

中央统战部六局
二〇一一年八月

2011 年，王丽峰被中央统战部聘为“党外知识分子信息联络员”

比如当时还提到了太原和晋中的同城一体化和轻轨建设，实际上是受到了北京和天津的启发。当时天津和北京已经通了轻轨，速度很快。另外，轻轨不需要重复占用其他资源。只要解决技术问题，不需要再开一条路，对站台的要求也不高。在这种情况下，因为同城一体化需要解决两地之间的交通时间问题，只有解决了时间问题，才能实现一体化。如果从太原去晋中需要两个小时，那么就无法实现一体化。当时基于这个想法，我提出了这样一个提案。

通过太榆路的开通，我们可以看出交通便利确实带来了土地价值的增值，对经济发展的促进作用显著，最大的好处还是老百姓的出行更加便利。实际上，如果轻轨开通，可能带来的效益会更大。太谷也属于晋中市，如果轻轨能通到太谷，那么它的增值潜力就会非常大。

因此，我认为如果将来能够实现轻轨通行，整个晋中将成为太原的一部分，无论是它的后花园还是基地，都是有可能的。

我个人认为，太原市对公交是非常重视的。实际上，这与“大公交”的思路是一致的，既然提倡“大公交”，就要大力改善公共交通设施。现在我们可以看到太原市的公交车，包括空调、座椅等都发生了很大变化。只有这样，老百姓才愿意乘坐公共交通工具。另一个方面，政府大力提倡“大公交”，这意味着要尽可能地为公交让路，这就是公交优先。我们可以看到在所有主干道上都设有公交车道。这样一来，即使你没有私家车，也能坐公交快速到达目的地。这也促使老百姓愿意放弃私家车转而乘坐公共交通，我认为这是一个非常好的举措。

实际上，公交的变化显而易见，老百姓也受益良多。以前桃园路没有公交车，只有到了新建路才能乘坐。后来桃园路周边有了微循环，再加上从南向北打通，现在桃园路上有很多趟公交车，沿线居民出行非常方便，特别是对于老年人比较多的地方来说。

从提出提案到解决问题，需要经历很多过程

从提出提案到落实提案是需要时间的。因为并非每个提案一提出就能立刻解决，它可能涉及多个部门。但是对于我来说，没有感觉到提案推进中有阻力。

政府部门在答复提案时非常认真，他们会关注你提到的问题，因为他们准备围绕这些问题加以解决。他们是出于实际情况的认真回复，而不是敷衍地为了完成提案的答复。

通常情况下，提案提交后，收到的回复还是很快的。但需要时间等待这个问题落地解决，它可能会牵扯到整个城市规划、市政问题以及周边居民的协调问题。所以，需要多个部门整体协同联动才能解决一件事情。虽然不能说马上就能解决，但每次在提案答复后，政府确实在努力落实相关事务。

我可以举一个具体的例子。有一年提过一个提案后，确实有了一些改善。在交通方面，我曾写过一个“关于寇庄西路王村南街至王村北街段亟待改造”的提案，因为那里有一部分我认识的人告诉我，寇庄西路特别难走。于是我提出了这个问题，并提交了提案。后来，太原市人民政府办公厅对此给出了答复，表示寇庄西路的问题已经彻底解决。尽管间隔了一段时间，但最终这个问题得到了圆满解决。

太原市人民政府办公厅

对省政协十一届三次会议
第947号提案的回复

尊敬的王丽峰委员：

您好。您提出的“关于寇庄西路王村南街至王村北街段亟待改造”的提案收悉。经我们认真研究后，现答复如下：

根据我市路网规划，寇庄西路北起双塔西街，南至学府街，全长约4.2公里，亲贤街以北段规划红线宽度30米，以南规划红线宽度20米。寇庄北街——寇庄南街、绒绒街——学府街没有现状道路，其余路段均有现状道路，但未完全按照规划形成。

寇庄西路作为新建路——平阳路和解放南路——长治路之间一条南北向支路，对完善区域路网、疏解主干道交通压力、改善周边居民出行环境有着极其重要的作用。2015年我市将寇庄西路北园街——学府街段纳入城建计划进行了改造，一定程度上缓解了道路沿线区域交通压力，下一步我市将结合城建计划和周边建设情况，统筹考虑将寇庄西路局部未按规划形成的路段陆续进行改造。

2015 年，太原市人民政府办公厅对王丽峰“关于寇庄西路王村南街至王村北街段亟待改造”提案进行答复

近 20 年的变化：滨河路、地铁、立体交通

滨河路的开通对于太原城市的形象确实具有很大的提升作用。例如哈尔滨，它是一个非常洋气的城市，拥有美丽的松花江，这也是哈尔滨人的骄傲。然而，在滨河路开通后，我有朋友从哈尔滨来，我开车带他们从桃园路到滨

河路，一路走到晋祠。当时大约在 7 月份，两边的月季开得非常灿烂。他们特别感慨，因为在他们印象中这个城市交通较为落后，原本人家把我们当成黄土高原上的一座三线省会城市。他们惊讶于太原竟然有这么好的路，走滨河东西路能看到太原交通整体的变化，这两条路改变了他们对太原的印象，这是一个方面。另一方面，比如清徐，之前去那里交通比较不便，现在从清徐回来直接上滨河路，我认为特别快捷。以前在清徐办事，估计一天就交待在路上了。现在我早点走，办完事中午就回来了，下午再处理别的事儿。这样可以节约时间成本并提高办事效率。

10 多年来，太原的交通包括环境变化还是很大的。例如，在 2017 年以前，一到冬天，就会有雾霾天气，你就会闻到有些呛鼻子的烧原煤的味道，空气中的粉尘非常多，而且原来太原刮风的天气也特别多。但现在我认为太原的生态环境发生了变化，老百姓的幸福指数在不断提高。

交通也一直在不断改善，例如地铁的开通。我记得特别清楚，在地铁开通时，许多没有坐过地铁的人蜂拥而至乘坐地铁。现在大部分人因为出行需要选择坐地铁，非常方便。我坐地铁大约 10 分钟就能从王府井到北大街。目前正在建设的地铁 1 号线正在抓紧施工，我相信等到 1 号线建成后（备注：1 号线地铁已于 2025 年 2 月 22 日正式开通），太原市的公共交通将得到进一步的改善。

还有就是立交桥的建设。我记得最早在北京上立交桥时，因为出口太多，绕行很久，甚至走错了路。原本以为这是京城的特点，后来太原也修建了很多立交桥。从南中环、北中环一直到东中环、西中环形成了一个特别完善的交通体系，非常方便。现在完全没有了走立交桥的恐惧感，看好了路标就能走，而且非常快。比如去火车南站和机场，选择非常多，走南中环、东中环都能到。原来一个多小时的车程现在 20 分钟就到了。

从逃离到依恋，太原的变化让我充满自豪

交通建设带来的是城市的经济发展。以丽华苑为例，以前丽华苑属于太原的偏远地区，现在已经成为太原市的一个中心地段，你可以看到周围房地产商盖的高端社区等。实际上，这得益于道路建设，一方面城市原有的核心区域扩大，另一方面，过去一些边缘地区的地块现在已经成为商圈，成为工作和生活的核心区域。

以前经济中心可能主要集中在老城区，如柳巷商业街这一片，但现在随着交通路网不断向南移动，目前，河西的长风商务区，还有新兴的龙城大街和南中环、晋阳街等区域，都发展很快。

因此，道路改善了，交通方便了，一切发展都不成问题。对于生活来说，哪个地方是中心并不重要，这个概念

已经淡化，交通等方方面面已经很方便，没有了城市和郊区的区别。

之所以始终关注太原城市建设的发展，还是因为对家乡的一种热爱。在我的职业生涯中，有一段时间我不在太原工作。在北京工作时，因为父母和家都在太原，每周我都要回太原。当我回来时，我第一个感觉就是这个城市缺乏活力，一片灰蒙蒙的，人也没有活力，与首都相比差距很明显。实际上，每次回来都很纠结，一方面是想着回到这个城市，另一方面又有些无奈，因为家和父母都在这里，不能不回来，所以这样来回跑了很多年。最后我能回到太原，并且生活了这么多年，也是因为这个城市发生了巨大的变化，我终于可以向别人夸耀自己在太原生活得很好。因为工作关系，我有很多机会去更多的地方，当时我认为太原和这些地方的差距非常大，那种反差导致我想逃离。但现在完全没有这种想法，我已经过得很自由。我刚刚退休，有很多机会可以到其他地方去转转。前两天有人给我打电话时，我正好要去天津，天津发展得很好，但我仍然不觉得太原比天津差。现在这种自豪感油然而生。

气候也是一方面，太原非常宜居。对我们来说，太原真的是一个特别舒服的城市。比如在北京，夏天的白天气温可能是 40℃，晚上也是 40℃，这让你非常难受。而在太原，白天可能让你感受到 38℃ 的热情，晚上绝对会让你感受到凉爽，让你睡个好觉。这是一种非常难得的生活体验。

在这里生活久了，就会真正爱上这座城市，觉得它非常好。无须告诉我去广州还是上海，到北京或其他地方，我觉得太原就很好。

始终关注民生，反映社情民意

政协委员建言献策的渠道有两个，一个是提案，另一个是社情民意。这些渠道是反映老百姓心声的途径，而社情民意涉及的共性问题更多，涉及面也更广。例如社情民意中的红绿灯不合适、垃圾处理不及时等问题，都是值得关注、可以有效解决的。我曾写过一篇社情民意，原来桃园三巷没有一个垃圾箱，在写完后很快就有了。这就是为老百姓解决生活中的小事和实事，也非常有意义。

后来我还提过一个居家养老的提案。有一次我因工作原因去香港，注意到了香港的每个居民楼里都有一个托老所。居民在上班离开前将家里无人照顾的老人安置在托老所内。我并未仔细研究这个问题的起因，也不清楚是谁在做这件事，但这件事情本身解决了居民的一个大问题。如果老人没有人管，而且放在家里又不放心，人工成本又很高，将问题集中到一起解决，实际上是双方都获益，甚至是多方获益。因为居民楼离老人都比较近，毕竟老年人的身体不像年轻人一样，特别是对于失能老人和半失能老人，他们回来会更方便。

中国的许多老人不愿意去养老院，他们认为家是自己的地方，特别是当他们终老时希望能在自己的家中，这是一大心愿。但是，如果子女都很忙，而且没有能力或时间照顾他们，该如何解决这个问题?

基于这个问题，我当时提交了一个关于居家养老的提案，这个提案也被列为了当时的重点提案。省民政厅和省政协组织了很多人参与，并进行了重点提案督办，当时还有省政府的人参与。现在，我们能看到社区养老服务逐步推进。总的来说还是有很大改善的。

最难忘的事：坚持 10 年，帮助上万贫困儿童

在担任第十一届省政协常委期间，我与志海（企业集团）的董事长冯建新一起，我们共同做了一件事，给慈善总会捐了 2000 多万元，这笔钱大概每年能产生 30 万元的利息，我们就拿着这笔钱资助了全省的贫困孩子。

这件事情我们做了 10 年，总共有 12700 多个孩子受益。每年，我跟冯董带领各自的团队，在全省能跑到的县都会跑一圈，带着钱到每个村子里进行资助。

在这期间对我的冲击和震撼非常大，那种贫困难以想象。

我一开始觉得非常辛苦，因为在炎热的天气里，我们

每天最多要跑两三个县。山西省的 117 个县，我自己开车去过 89 个县，我亲自去就是为了更好地资助这些孩子。我印象最深的是有个孩子叫永祥，他是父亲在山里放羊时捡了个患精神病的女人回来生下的，这个女人根本不知道自己有个孩子，这一家人非常可怜。永祥，这个名字给我留下了深刻印象，每年我都特别惦记他，总想着再去看看永祥的样子。当时那个孩子大概才 6 岁，现在应该已经是个英俊少年了。当时像这种状况的有很多，如果没有这个平台资助，可能这个孩子一辈子就这样了。

当时还看到了一个小男孩，父母都去世了，跟着奶奶生活。奶奶已经很老了，养育孩子非常吃力。当我去的时候，奶奶正从院子的门洞里拉骡子出来耕地。这种事情太多了。

另一对姐妹是浑源县的，也是父母都去世了，她们在别人家院墙后用树枝和塑料布搭建了一个四面漏风的“帐篷”做栖身场所。里面的家具都是捡来的，唯一的学习用具是一支铅笔。当时在场的人都非常难过，后来冯建新董事长想办法联系，希望我把这两个孩子接到太原来，给她们找个学校上学。这两个孩子就是我一直在资助她们，直到长大成人。这种事情实在太多了，给人的触动特别深。

还有一次，我们在杂志上刊登了一个慈善活动，号召爱心人士帮助贫困儿童。消息登出后，许多贫困孩子自发地找到我们并参与活动。后来，我们的杂志搭上了民航的3条快线，许多人在机舱看到杂志并找到我们，请求给孩子们资助，其中包括东方航空。我们还举办了一场活动，邀请贫困儿童体验飞行，他们都是初次走出大山。我记得最清楚的是，有一个来自五台县的小孩，他连外裤都没有，由于我们的介入，后来妇联也关注到这个孩子并帮助了他。现在回想起来，做这些事情都非常有意义。除了我与志海的冯建新董事长之外，还吸引了很多其他的企业和爱心人士加入了我们的行列，影响力相当大。这一件事情做了10年，直到我离开记者岗位。

之后我离开杂志社到了新岗位。有一年正好赶上六一，妇联要做一个对曾经资助过的贫困孩子的回访活动。我们就将我们当时资助过的孩子请了回来，其中有些已经结婚，有些上了大学。当时最小的孩子是从幼儿园开始资助的，我们把他们都请回来，制作了一个纪录片，非常感人。在场的人都因为看到当时孩子什么样子、现在孩子什么样子，热泪盈眶。至今，我对那时候的事情仍记忆犹新。

我觉得，一定要带动周边的人去帮助需要帮助的人。善生于心，当你看到这些孩子的状态时，你会觉得这件事非常值得做。

政协精英荟萃，履职意义重大

政协实际上是一个汇聚优秀人才的地方。在这里，各界精英都能从中学到很多知识，包括政界、商界、社科界等。你会在他们身上发现很多闪光点，这也让你思考与他们的差距，让你努力做得更好。他们都是你学习的榜样。

例如忻州市副市长王月娥，作为政协委员，她一直致力于马铃薯脱毒的推广工作。她后来写的提案不仅被列为重点提案，《中国政协报》也进行了相关报道，在当时的影响力确实相当大。

我担任第十届省政协委员、第十一届省政协常委。对于担任委员和常委有何不同之处，主要是两个变化，担任常委之后参加的会议多了，这是第一个变化；第二个变化是担任常委后，参政议政的机会会比别人多一些。例如，委员平时履职，常委可能对一些重大事项拥有参与权和话语权。这样一来，责任和会议更多，出去调研也更多。也就是说，承担的责任要更重，需要投入更多的精力和时间来参与。

虽然作为记者，我的本职工作也很忙，但我认为一个优秀的政协委员，应该善于平衡参政议政与本职工作之间的关系。这并不矛盾，因为在你的工作过程中，实际上是帮助你获知很多提案素材和信息的，所以没有什么矛盾，它们可以相辅相成。你的能力实际上决定了你履职的质量。如果你认为这是负担，你肯定做不好。如果你认为这与你的工作相辅相成，相得益彰，你就肯定能做好。

我认为政协工作在推动地方政治、经济和社会全面发展中，还是起到了非常重要的作用。无论是政府还是个人，实际上都存在视角盲区，政府也有顾及不到的问题和看不见的问题。

政协委员实际上就是在给政府提供有益建议，让政府运行机制更完善，能够顾及的范围更广泛。因为政府是服务型政府，尤其近些年来，提倡服务型政府。在服务方面，政府无法为看不到的事情提供帮助，所以政协委员在这方面发挥了很重要的作用。通过在政协的实践也证明，在参政议政环节上，政协委员的履职都起到了非常大的作用。

对于我个人，作为政协委员，我觉得非常欣慰。我的所有提案都是亲力亲为，在进行了大量调查，对这个事情有了深刻的认知之后，自己编写的。因为我知道我要为自己的这份荣誉负责任，要尊重自己，并尊重自己的政治待遇。我们要认真履行自己的职责，既为政府提供建议，又为老百姓解决实际问题。这样才能真正担负起你的履职责任。

交通顺畅了，人民幸福指数提高了，作为政协委员，我的成就感满满

王继军

> 作为第十届省政协委员，在履职期间，我的提案能够引起省政协的重视，成为重点提案，对我来说，很有成就感。特别是现在，看到我们太原日新月异的变化，交通更顺畅，人们的幸福指数在提高，我也很有成就感。

王继军，山西大学法学院教授，第十届山西省政协委员。2009年提出《关于解决太原市停车难、行车难问题的建议》提案，被列为重点提案，一定程度上推动了太原市灵活增加停车位、公交优先等交通问题的解决。

我的经历相对简单。我年轻时候当过警察，后来进入大学学习，大学毕业后，我一直在山西大学从事法学教育和研究工作，同时还兼职做律师。20 世纪 80 年代末，我曾担任过太原市南城区政协委员和太原市人大代表。在 2008 年到 2012 年期间，我担任了第十届山西省政协委员。在我的经历中，主要是在山西大学法学院从事教学和科研工作，大约有 40 年的时间。

5 年 3 次大会发言

在担任省政协委员的 5 年时间里，是我个人成绩非常突出的一段时期。我长期从事法律教育和科研，培养人才的同时进行法律专业的理论研究探索。政协是应用我们科研成果的一个很好的平台，这是我最大的体会。2008 年我已经 50 多岁，在法律专业方面的研究成果上，处于比较成熟的阶段，对于我在政协的履职和实践，都是非常有帮助的。

就我的理解，在政协这个平台工作并非出风头，主要是基于我多年的教学科研经验积累，许多关于法律的科研成果得到了应用。同时，很多成果被党委和政府采纳。通过这个平台，我也可以了解更多原来陌生的领域。

在担任省政协委员的 5 年中，我一共进行了 3 次大会发言，因为每次大会发言，都是从 500 多名委员中选出七八个上台发言，所以是非常难得的机会，我印象也非常深刻。另外，我还参加了两次电视议政。对我来说最有影响和意义的两个提案，一个是关于解决太原市行车难和停车难问题，第二个是矿产资源有偿使用问题的建议。

响应群众呼声，解决交通难题迫在眉睫

这个提案是在2009年的全体会议上提出的。首先是从我的切身体会和感受出发，因为我也是交通参与者，停车难和公交问题突出；其次是周围群众的呼声也很高。

从我自己的感受来说，当时太原市基本是平面交通，不像现在已经是立体交通，有地铁、高架桥、环城路等。过去纯粹是平面式交通，有些外地人来了，甚至会说太原市像个大县城。这是第一点。第二，交通拥堵严重，停车确实困难。以山西大学为例，我们走并州路进入市中心，从20世纪80年代到90年代，开车需要十五六分钟。然而，到了2000年以后，最快也得半个小时。后来，我们有时候会走建设路，因为并州路堵得太厉害了！我记得有一次还不是高峰期，从（太原）火车站一直堵到东太堡，堵车距离五六公里。

停车难也是一个问题。在当年的调查中，交警支队的民警告诉我们，太原市的公共停车位缺口达到了10万个。然而，对于一些企业机关事业单位，双休日有大量的公共停车位，私家车却无法停车。因此，这种公共资源如果对

社会开放，就能很好地实现闲置资源的高效利用。

还有一点就是公交车。当时的公交车车型老旧，公交线路单一，乘车拥挤，还有重要的一点，公交车没有专用道，也存在堵车问题。一方面，我曾到一些其他城市出差，例如南京、成都，亲身感受过当地的公交；另一方面，我通过网络对国内外数据进行了比较。当时有一组数据，一辆公交车能载好几辆出租车、小汽车，几十辆自行车的人数，所以对于缓解交通拥堵来说，设置公交车专用道，让公交车优先行驶是科学合理的。

虽然行车难和停车难的现实问题客观存在，但问题的根源在哪里？为了找到答案，这期间省政协组织我们进行过一次专题视察，我们现场调研了太原市交警支队，走访了一些企业和群众。

通过视察了解，行车难、停车难确实是当时交通方面的普遍问题。群众对此呼声很高，政府和交通部门也一直在寻求解决办法。在视察回来后的第二次全体委员会议上，我领衔提出了一个关于解决停车难、行车难问题的建议。

重点关注停车位和公交车

要解决当时太原市停车难和行车难的问题，首先需要进行交通设施的改善和改造。但是因为太原市当时的财政比较困难，所以采取的只是改善性的缓解措施，没有大刀阔斧地进行交通设施建设。

去年（2022年）年末，太原市的财政收入达到了430多亿元，而在2009年连这一半都达不到，同时正经历着亚洲金融危机，所以囿于财力有限，交通设施建设比较滞后。但是这个提案提出后，得到了省政协领导的高度重视，情况得到了改善。

提案内容一方面是增加停车位，另一方面是改善公共交通。

增加停车位的具体做法，就是采取多元化方式解决停车问题，充分利用公共资源和社会资源。比如不要搞简单的一刀切，车流量较少的行车道可以在非高峰期停车，管理更灵活，更加人性化。解决公交车的拥堵问题，最紧要的就是要设置公交专线。

多人力推，成为重点提案

实际上，这个提案是事先考虑过的，有一个铺垫的过程，是在做了一些前期工作的基础之上形成的。首先，通过前期的视察发现了问题，然后在会上进行交流，通过交流，发现委员们的关注度非常高，其中有十几位委员积极参与推进。在全会期间作为提案提出，很自然地就受到了大会的重视。其次，提案需要立项并审查，才能最终立案。因为这个提案集中反映了广大人民群众的呼声，是一个重大民生问题，所以省政协重点考虑了这一点，在立案后确定为重点提案。

当年有 9 项提案成为重点提案，分别由几位（省政协）副主席领衔督办。其中，解决城市行车难和停车难作为一个重点提案，由当时的省政协副主席李雁红领衔督办。实际上，我们政协委员作为参政议政者，在自身专业范围内发现问题并提出解决方案，最终的解决还是要靠政府采取具体的措施。

有的放矢，灵活解决现实难题

这个提案提出后不到一个月时间，就得到了太原市人民政府的回复，非常积极。我印象中，一个是提出了利用社会资源和公共资源，另一个是采取公交优先的办法。有关部门对此进行了大量调查研究。

具体办法是：采取多元化方式解决停车问题，充分利用公共资源，特别是社会资源。例如，以前交通管理方式比较简单，行车道不能停车。改善以后采取的措施是：在不影响正常交通的情况下，划出一定的停车位。这在一定程度上增加了公共停车位的数量。这是一个方面。第二个方面是利用社会资源，鼓励厂矿、企业、政府机关、事业单位等，在空闲时间将停车位对外开放。在这一点上，市政府积极采取行动，推动落实。第三个方面是公交优先。

我们在道路中能看到黄色公交车道的划定，也就是我们现在看到的公交专线，这个很快就实现了。

在这几点上，政府采取了许多措施推动执行落地，其中一些举措在全国都具有一定先进性。同时，太原市政府在 2010 年出台了新的停车秩序管理办法，新办法不仅具有人性化管理的特点，还充分利用了公共资源和社会资源。

当然，解决问题还需要一个过程，这个过程一直持续到今天。太原市的交通一直在不断改善，政府也积极地做了大量工作。

持续关注，充分建议，交通改善实实在在提升人民幸福感

在此之后，太原市政府进行了大规模城市交通改造，尤其是时任太原市市长耿彦波上任之后领衔的交通变革。提案中的问题都得到了根本解决。

总的来说，一方面停车管理更灵活，停车位更多；另一方面公交发展与时俱进，公交车型更新换代，无论是车辆的外观，还是安全性能的提升等都有很大的改变，体现出了公交的优势：一是快捷，二是舒适，三是安全。

我在提案中还提到要开展专项整治行动，解决违法停车问题。因为违法停车不仅会阻碍交通，而且会影响合法行驶人的道路权益。对此我深有感触。我记得有两次，一

次是急于送孩子上学，前面的车乱停放导致拥堵，也没有采取措施，结果耽误了很多人的出行。还有一次，我路过一个地方看到火灾事故发生，由于在消防通道上乱停车，消防车进不去，最后导致损失惨重。

2012 年，王继军（左一）参加省政协电视议政会

所以整治违法停车要采取疏导的策略，同时要体现人性化。因为本身停车就很难，再加上乱停就难上加难。比如现在我们在学校周边采取严格的慢行措施，在接送小孩上下学期间，可以在黄线附近停车半个小时。这样体现了人性化，违法停车的整治应与人文关怀相结合。

在这之后我持续关注城市交通建设，包括一些问题和建议的提出。我参加过一次票价调整听证会，就是社会各界讨论降低票价，鼓励市民公交出行，包括在特殊时期，如实行交通管制时期免费乘车等建议。这些给市民的优惠政策，后来都落实了。

出于大公交对环境和经济发展的影响，我建议和鼓励大家优先选择公交出行、绿色出行。我主要关注尾气排放，尤其是燃油车。如果出行的私家车减少，尾气污染自然就会大大减少。现在太原市的交通已经得到了很大改善，除了早高峰、晚高峰稍微有些拥堵外，与我们目前所拥有的几百万辆车相比，这样的状况已经很好了。如果在当年我们有 50 万辆车时，对这个问题没有重视，现在这个问题就会很严重。

作为政协委员，我们主要是发现问题、提出问题，把老百姓的心声说出来，最后解决问题还是要靠政府千方百计想出办法，执行到位。民生问题同样是政治问题，在过去十几年中，太原市的停车难和行车难的问题得到了很好的解决。

作为第十届省政协委员，在履职期间，我的提案能够引起省政协的重视，成为重点提案，对我来说，很有成就感。特别是现在，看到我们太原日新月异的变化，交通更顺畅，人们的幸福指数在提高，我也很有成就感。

人性化管理是城市进步的一大标志，政协工作大幅提升社会的“精气神”

张建东

城市的好与坏不是我们自己的认识判断，更多的是别人的评价和看法。外地人对一座城市的评价将给这座城市带来支撑力。目前，山西省委、省政府和太原市委、市政府，大力抓好城市治理、经济大动脉、交通支撑点、城市形象美化等重点工作，希望能够吸引更多的全国500强和世界500强企业通过招商引资落地太原。

张建东，第十届、第十一届山西省政协委员。山西华晋律师事务所主任，山西财经大学经济法研究生，高级律师。2016年被

聘为中共山西省委统一战线工作部法律顾问。2011 年提出《关于建议在主干道发展立体停车场的提案》，同年参与《关于加大基础设施建设，改善太原市交通事业的建议》的联名提案，重点建议发展立体停车场、建立交通综合管理会商机制等，推动了太原市的交通治理改善。

一

我是一名执业律师。作为律师界的一名代表，我有幸担任第十届、第十一届山西省政协委员，属于社会法制界别。在此期间，尽职尽力为民生民愿发声，本着务实的精神和与我们的职业关联的法律情怀，将法律文化、精神理念在政协这个平台传递。这既是律师的职责所在，更是作为政协委员的政治担当和责任担当。

在我小时候，曾经从父亲那一辈的引导教育中，在电视上观看过国家的两会，看到人大代表和政协委员们进入神圣的人民大会堂参加会议的场面，感到非常羡慕和神圣。

在自己的努力和组织的认可下，后来自己也有机会作为省政协委员参加省级两会，在步入会堂的第一天就感受到了大会会场的隆重氛围。我认为这离不开父亲的培养，同时也是一种梦想的传承。

作为一名政协委员，在省级层面和全省范围内，我们能够上升到参政议政层面，感觉是完全不同的。因此，我把自己内心的紧张化为一种鞭策，鞭策自己要在这样的环境中好好观察和学习。

我更加明确了自己应该做什么。我不仅要考量律师行业的发展，更应该关注国家民生、法治和宏观领域，考虑如何在这些方面积极建言献策。这种使命感、责任感以及对国家的热爱情愫油然而生。

在任省政协委员期间，我结合我的专业参与了很多依法治理方面的建言献策。在律师协会的会议上，作为会长，我谈了自己的感受。律师不仅要具备专业的法律素养，还要有深厚的为民情怀，以及化解社会各方面矛盾的能力，寻找合理、合规的渠道和方法，积极主动为政府建言献策。

二

太原市过去是平面型城市或者叫锅底形城市。在过去的 10 年到 20 年，交通变化非常大，已经有了相应的大都市和城市概念。驾车南北贯通城市两边，不需要很长时间。现在城市道路交通四通八达，延伸到我们小时候认为的郊区以及当时的农用田、菜地等，现在到处都是高楼大厦、立交桥，以前的羊肠小道现在都变成了金光大道。

那时候人们的思维和道路一样很狭窄，现在人们走在任何一条宽阔的道路上，思维也拓展了，脑海里会感觉到这是唯美的文明城市，幸福感也涌现出来，太原成了有温度的城市，而不是像20年前从外地回来，当飞机在武宿国际机场降落的那一刻就看到灰蒙蒙的城市。现在蓝天也有了，我们的空气质量指数排名在全国也是相当不错的。

我在2011年提出了《关于建议在主干道发展立体停车场的提案》，当时也是基于身边的案例。我的律所在太原市办理了许多有关土地争议的案件。从高楼大厦、住宅、工业用地、住宅用地或者商业用地展开探讨，不同用地只能针对不同的用途进行调整。有一起案件涉及工业用地的闲置，我们想到用途可以更改，土地属性也可以调整，将工业用地改为民用或者商用。出于政协委员的身份，因为当时交通出行难问题较为突出，停车难问题最为突出，而这块土地正好位于主干道北边，我间接想到了主干道上的居民数量以及土地周边居民的居住情况，于是我向具有土地合法使用权的使用者提了一个改建停车场的建议，我询问他是否可以考虑利用土地盘活资源，利用这片土地实现公司的创收。我建议他建成立体停车场。我回到家就深度思考了这个问题。我发现这是一个作为提案很好的点，我就基于自身的了解和专业知识，同时在网络上搜索了一些信息，最终形成了这个提案。所以我们既要履行作为政协委员的职责，又要结合自身工作实事求是，为委托人或者当事人解决一些实际问题。

近年来老军营小区变化非常大，周边建了立体停车场，不仅延伸了停车场，还实现了动态使用和管理。例如停车位的业主可能半年或者 3 个月不在，可以将这些长期的空闲车位与社会需求系统对接，让资源有效利用起来，我认为这方面做得很好。

停车难在各大城市始终是一个社会性的综合问题，并非单一问题。那么车位的规划管理，既是政府管理部门的职责，也需要市民的理解与配合。比如，网络上很多市民发表意见常常以自我为中心，不考虑社会治理，不考虑公共区域的秩序需要大家维护，他们只是为了方便自己，缺乏公共意识。交通管理基本处于静态管理规范中，政府出台合理的规则，要想实现由静态走向动态，没有市民的理解和配合是无法实现的。

除了政府相关职能部门的规范治理外，政府官员和公务人员还应强化服务百姓的意识，更多地关注市民的文化习惯，引导他们。

有一段时期，骑电动车的人因为不戴头盔，警察拦住他们进行罚款，一次 20 元。现在的政策由强制性罚款变成引导和教育，很多人都自觉戴上了头盔。我认为这个过程就是市民素养逐渐提升的过程。

执法的方式很重要。前两天我让警察点了一次名。我把车辆停在办公大楼旁边的公路上，去旁边的花店拿一束花，前后不到 5 分钟。很快我就接到太原交警的电话说：

“你好，这辆车应该尽快驶离交通要道。”我赶紧就开走了。像这样就不是处罚，而是引导。交警部门改变了执法方式，由专业人员负责这项工作，我认为是非常好的。

人性化管理是城市进步的一大标志，太原的执法理念由强制管理转变为人性化管理，转变为提示和引导教育，这是近年来最可喜的变化，市民会因此受到影响。现在的出租车司机，我喜欢和他们聊天，司机的水准确实与20年前也大不一样，不文明的话也少了，家乡的土话也少了，与他们聊天的过程非常愉快。

三

在2011年的联名提案中，我们曾经建议“建立交通综合管理会商机制”。这个问题确实由来已久，它与我的职业息息相关。

作为律师，我从当年的国家法律工作者转变为现在的社会工作者，我将职业属性和定位转化延伸到更多领域，将收集到的或者间接听到的信息植入脑海。社会信息采集通过新的方式，包括邀请各界具有代表性和专业性的专家学者和普通民众，搭建一个会商的平台。通过举行听证会，将交通治理和城市治理纳入社会治理中，听到底层的声音，各个阶层的意见汇总形成，并公之于众，让大家参政议政，共同决策。

城市发展不仅依赖经济大动脉，还涉及交通支撑力的问题。交通支撑力的问题可能涉及“血液循环”和“血管”问题。道路作为载体，供人们使用。为了规范使用，需要出台地方性政策、管理规章法规或者政策文件，在此之前要充分了解民意，民意不仅要通过委员层面反映，还要拓宽渠道，听取更多其他人的意见。

作为政协委员，我也考虑这种会商机制是否可以引入太原市。综合考虑，虽然当时提到的内容对太原这样的中等城市而言可能有些超前，但是至少是一个好的开始，意识上可能会潜移默化地影响政府治理体系中的人员，给他们一种启示和更好的选择。这就像鲁迅笔下的“拿来主义”，别人的实践和做法之所以能够行得通，一定有它的优越之处，我们可以效仿、学习或者借鉴，通过一个平台把这种声音表达出来。

在我的职业中，我既作为专家被邀请参与政法委的大案要案，也是政策规划的听证人员和旁听人员。虽然我没有亲自参与过，但我印象中太原市交通治理方面目前应该有这方面的机制。我相信太原市政府会积极探索这方面的机制，并进行先行先试。通过在交通治理上建立综合管理会商机制，或许在不久的将来会唤醒民众、激发民众更多地参与治理。

四

在这个联名提案中，同时也提到了“建立立体交通”的建议。

这么多年过去了，我认为太原市目前的立体交通发展得非常不错。

交通的变化使人们的心态有改变。第一是大家愿意出行了。目前太原市的高架桥、立交桥式交通四通八达，市民基本没有太大的出行顾虑。导航也很方便，除了上下班高峰期通行时间可能比较长，大家有预判和可知性，其余时间道路基本保持通畅。城市车辆总量逐年增加的同时，道路也在扩展，当然交通不畅的情况是存在的。第二是人们的生存价值感和幸福感已经提升到一定高度。大家聚会时，从北面到南面，从东面到西面，会合到一起非常快，更加方便大家互动联络。第三是现在交警的执法理念更加人性化。以前只是罚款和处罚，现在将教育与处罚相结合。以前的规则是教育处罚，但重在处罚，现在有一定的容错率。我认为从治理和动态管理方面来看，这非常好。

太原近些年的公共交通发展也很不错，包括地铁的开通。我的很多朋友坐过地铁后，感觉舒适、平稳、便捷，体验感很好。

目前来看太原整个立体交通都非常发达，不仅道路立体化，出行也立体化，选项多，市民的幸福感确实在提升。太原确实是宜居的城市，已经有了成为优秀城市的潜质。

五

作为法律从业者，我认为太原在交通法规的制定和实施理念上还有进步的空间。立法不能闭门造车。我曾参加山西省人大、太原市人大的立法调研、立法起草以及立法综合会议，也参加了不少政协社法委的会议。而在立法层面，首要的解决方式是开放式立法，必须去外地取经学习。我已经在太原市住房公积金管理中心担任了将近20年的法律顾问。我们曾派律师前往北京、天津、杭州取经学习，根据学习情况起草了很多关于太原市公积金管理中心行政执法规范的文件，并且调整了很多方案。所以无论哪方面的立法，都应该组建立法先遣队伍去其他先进地方学习经验，然后根据太原市的具体情况制定相匹配的地方性法规。城市治理的法规也是一种文化载体，如果没有文化元素，只听从法规，那就没有任何活力。其次是组建研讨班子进行论证，包括邀请律师、法官、法学专家和社会治理人士进行汇总，或者召开听证会议。最后，立法人员必须先行配置和培养。从专业角度来看，这3个方面如果做不好，制定出来的法律法规就可能不够完善。

六

一直关注太原的城市发展和建设，与我个人的成长和工作经历也是分不开的。我现在可以自豪地说我是山西太原人。若干年前我在北京办案，别人问我是哪里的，我说是山西太原的，人家说“我没有听说过太原，只知道山西的大同”。那时候我很尴尬，他们认为大同能代表山西，甚至都不知道太原的存在。但现在不一样了，随着太原城市形象的逐步提升，也给我带来了自豪感。

对于太原这个城市来说，交通改善对招商环境、城市水平、人居环境以及经济发展都具有重大的意义。我曾听到外省来太原投资的人对太原的评价，他们认为太原的发展前景非常好，尤其是交通和城市面貌，这是我的亲身体验。

城市的好与坏不是我们自己的认识判断，更多的是别人的评价和看法。外地人对一座城市的评价将给这座城市带来支撑力。目前，山西省委、省政府和太原市委、市政府大力抓好城市治理、经济大动脉、交通支撑点、城市美化形象等重点工作，希望能够吸引更多的全国 500 强和世界 500 强企业通过招商引资落地太原。

七

我当年的提案基本上已经有了落实，包括我提到的行人过马路没有人行道以及在非主干道上增加“按钮式”过街信号灯。太原的红绿灯虽然没有摁键式的功能，但是很多非主干道也增设了灵活的红绿灯。包括微循环的建议，目前也已经落实了，综合来说，既节省了时间，又缓解了交通堵塞和心理压力。

这么多年来在政协履职，无论什么提案内容，我对政府的回复还是非常满意的。我们代表政协履职，推动政府更好地运转，参与社会治理和城市建设中，要站在长期的程序化的高度，不能因为短期内没有满足提案要求，我就放松对自己提案的质量要求。

政协工作对于推动地方经济发展和社会进步来说，都体现出了非常大的激励作用，政协给人一种无形的、精神理念层面的引导，政协是代表民意的监督平台，既是政治监督又是民主监督。

政协在推进国家治理体系和治理能力现代化中发挥了重要作用。这是我们的独有优势。

水利专题

再看到“汾河流水哗啦啦”，是我毕生事业的最高价值

王彦平

> 我在水利系统工作多年，见证了汾河的重大变迁。我参加工作时，汾河滩是一个乱沙滩，野草疯长，是一个没人去的地方。我见证了“汾河流水臭哇哇”变成“汾河流水哗啦啦”，见证了汾河从北向南延伸形成景区，再到成为交通干道。现在这里已经成为人们休闲娱乐的场所，甚至是外地人来太原必须参观的景点。我们现在看到的山西是真正的表里山河，汾河的修复是山西人民的福音，更是山西对外形象的生态窗口。

王彦平，第九届、第十届、第十一届山西省政协委员。曾任

山西省水利厅水土保持局常务副局长。2010 年，作为省政协委员提出了《关于建立山西水生态系统保护与修复体系的建议》的提案，重点建议加强对汾河水生态的系统修复和水污染的治理。2014 年，作为山西省水利厅法规处处长，亲自主持了《山西省汾河流域生态修复与保护条例》（以下简称《条例》）的起草工作，推动了《条例》的颁布实施，对山西水生态系统的保护与修复作出了贡献。

一生与水打交道

我的个人经历较为简单，最初参加工作时就在山西省水利厅计划财务处从事统计工作，后来担任副处长，计财工作干了有 20 年。之后调任山西省水利厅水土保持局任常务副局长，共任职 7 年时间，随后在法规处工作了 3 年，直到退休。

最初的统计工作对我的职业生涯产生了很大影响。我在统计大数据工作中掌握了山西水利方面的各种资源、经营状况、管理状况和机构设施等信息，这些信息早早就印入了我的脑海中。

这么多年一直关注水资源，这也是我的工作主题。从最初在计划财务处负责计划，到后来在水保局搞项目实施，我在水利厅的工作主要和经济发展相关。这 27 年里，我见证了山西的水库、泵站的新建和改造，从很多地方饮水困难到现在全省每个村都有饮用水。这些工程我基本上都参与过，资金（筹措）大部分都是由我负责，可以说全省只要有水的地方，人、畜饮水缺水的线路，我都参与过调研。

我到水保局工作以后，对山西所有水土流失的山河都比较了解，例如太行山、吕梁山、黄河流域和海河流域，这些地方都走遍了。我亲眼所见、亲自参与了很多水利建设，包括山西从缺水到后来的引水工程、大水网建设，这是山西自新中国成立以来投资最多的、工程量最大的一段时期，也是山西饮用水、地表水开发最多的时期。

我一生从事水利工作，关注的重点一直是民生和经济发展的动力问题。山西很多年的发展，始终强调的是“山西之长在于煤，山西之短在于水”。山西要发展经济和工业，必须解决水的问题。水的问题，是山西发展的瓶颈。

过去山西采煤以输煤为主，既笨重又污染，后来战略转移，由输煤转变为输电。发电和采煤都离不开水，还有转化焦炭和洗煤的过程，同样离不开水，这样的话，水就成了我们山西能源输出的总支撑，这也是由山西的产业结构和资源结构决定的，因此我们必须持续关注。

我与政协结缘

我在山西省政协担任第九届、第十届、第十一届省政协委员。其中，第九届在农业委员会，第十届和第十一届在工会界别。

我与政协的缘分，与我的工作有很大关系。因为政协工作关注民生较多，尤其是山西的特殊地理环境，以煤炭和重工业为主，水利则是山西工业和民生的基础。

在进入省政协履职之前，我经常撰写与水利相关的文章，很多曾公开发表。其中一些文章被政协关注到，政协便将我聘为第八届特邀委员。在我履职期间，除了参与提案活动外，我还作为水利部门和政协的纽带，担任政协通讯员。

我第一次参加政协会议时感到突然和惊喜。作为第八届特邀委员，我不敢轻易参加讨论。我所见到的很多委员都是以前听说过的知名人物，这让我心情激动。政协会聚了许多学术专家和名人，更像是我们山西的人才库，所以我不敢轻易发言。作为新晋委员，我感觉自己进入的是一所社会大学堂，身边都是我的老师。在政协的经历使我受益匪浅。

在政协履职期间，我每年至少会提交三到四个提案。我的提案曾在2006年被评为“省政协优秀提案”，同时个人在担任第九届省政协委员时获得了“省政协优秀委员”的称号。

通过参与政协活动，我增长了知识，扩大了社会接触面，对我的工作也有很大的促进和帮助。政协的工作与我们有天然的联系，它关注的焦点都是民生问题，关系到山西经济社会的未来发展。

在政协履职过程中，我提出了一些学术上较为超前的理论、观点，最终形成提案。在这个思考和研究的过程中，既能提升我的专业能力，又能与其他领域的人一起交流水利工作，这样相得益彰。所以我认为政协工作与我的本职工作是相通的。

我每年都会参加政协会议、调研和视察工作，其中最让我终生铭记的是参加“华北地区区域经济发展战略论坛”的经历。2010年，华北五省（市）在天津举办发展战略论坛会议，每个省都有主席发言和委员发言。我们很荣幸受到第十一届全国政协主席贾庆林的接见，并聆听了他的报告。他高瞻远瞩地给我们讲了大约一个小时，讲完后临时决定五个省（市）各出一个委员发言。我作为山西代表被推荐在大会上发言。会议安排比较紧凑，一开始说给10分钟时间，后又变成8分钟。我当时想：几分钟也算，既然是代表山西的委员发言，我一定要把心声吐露出去。

在会议结束后，贾庆林主席亲自接见了我，并且告诉我他曾在山西工作过，我当时非常激动，不知道应该说什么。这是我作为政协委员终生难忘的一次经历。

追忆20年前汾河的生态状况

汾河是山西的母亲河，也是黄河的第二大支流。汾河流经山西全省6个市（忻州市、太原市、吕梁市、晋中市、临汾市、运城市），养育了无数的三晋儿女。

过去汾河是以灌溉为主的河流，而且汾河的治理颇具借鉴意义。历史上有很多有关汾河治理的记载资料，甚至在很早的时期就有一位治水能人——台骀，是历史传说中华夏治水第一人，被誉为“汾神”，至今人们仍然记得他的事迹。

新中国成立以前山西没有一座水库，新中国成立后我们修建了汾河水库，汾河水库是山西第一座并且是最大的水库。当时我们依靠全民义务劳动和专业技术队伍，集中招募山西水利专家修建水库，水库蓄水量达到7亿立方米，主要有两个作用，一个是保护太原市（洪涝期）的安全，另一个是灌溉太原和晋中盆地的农田。

随着山西能源重化工基地的建立，采煤作为山西向国家进行能源输出的主要产业，为国家建设作出了很大贡献，但对山西的河流、地表水、地下水都造成了很大破坏，尤其是汾河两岸。1994年，曾经流淌了千百年的晋祠难老泉断流，这个事件为我们敲响了警钟，对我们产生了很大震动。

汾河流域的矿坑排水、采空区、塌陷区对河流造成了严重污染。最严重时，汾河流域的水灌溉受到巨大影响，甚至农田里浇灌的蔬菜也遭到了严重的水污染，老百姓的生活堪忧。这给山西的水利工作带来了巨大压力。

太原城市扩大发展规模后，产生的主要问题有两个：一是工业和城市发展要占用原来农业用水的比例，导致农田灌溉缺水；二是水利渠道污染严重。例如太原市从上兰村开始修建的干渠，主要用于浇灌太原郊区的农田，东干渠负责太原和晋中的农田。由于城市工业的不断发展，这些地方的灌溉用渠道逐渐变成了太原市的排污水渠道，或者下水道，这导致下游灌溉受到很大污染。

那么如何治理污染呢？只靠水利部门其实很难治理，这直接关系到全省的经济发展。大概在 2002 年，全国呈现出对环保问题的高度关注态势，一些新闻采访团也来到山西，曝光了太原、榆次周边汾河、潇河的污染情况，国家部委也进行了问责。

这个事件对我们水利系统和环保系统带来很大的压力。由于大量的采煤导致地下水位下降，山西 50 多眼泉水大都断流。同时随着降水量的连年减少，汾河的水量也在逐年减少。正因如此，当时山西省委、省政府提出了“引黄入晋”。由于山西的水量不够，太原市每年大约缺水 10 万立方米，因此提出了“外引内蓄”的口号。我们只有一条路线就是外引黄河水，内蓄就是修建水库。

例如太原的汾河一库有 7 亿立方米的总容量，经过 50 年左右淤积只剩 3 亿立方米的容量，相当于一半的容量都被淤泥占据了，我们该如何解决这个问题？我们又修建了1.33亿立方米的二库，增加了太原的蓄水量。两个水库的拦蓄为太原城市的安全提供了保障。

正如我们刚才提到的，汾河是我们的母亲河，城市依赖于汾河生活，农田依赖于汾河的灌溉，工业用水以汾河为水源。例如太钢，当时就是以汾河水供应生产，包括电厂发电也同样依赖于汾河水。因此，城市的发展离不开水，我们通过把黄河水引进汾河，并将其输送到太原，有了水才有了太原这座工业城市的发展。

随着城市的发展壮大，城市的绿化建设、人们的饮用水等都对水量提出了更高的要求，形成了工业、农业、城市的增水需求。如果总量无法达到要求，作为水利部门，我们就会对水进行再生分配，同时想办法增加水量。例如我们采取了工业污水处理的办法，像太钢这样的企业，就修建了许多污水处理厂，从而大大增加了水的循环利用。同时，农业发展也由过去的大水漫灌改为滴灌、喷灌等方式，节省了用水量的同时还保证了灌溉面积不减。这使得水在工业、农业和城市发展中由原来的互相“抢水”逐渐转变为“循环利用”，很好地解决了用水矛盾。

汾河治理的开始

1957年修建汾河水库是新中国成立后汾河治理的开

头。到1990年以后，治理汾河成为全省四大重点战略之一。如何治理汾河呢？第一，修筑堤坝，形成分流，这样汾河水就不至于无序漫流。第二，生态治理。我们开始进行环境治理，首先要对河道两侧进行绿化，其次是对汾河进行排污治理。工业废水和城市污水的排放导致汾河污染严重，污染的汾河水灌溉农田后对庄稼造成了污染。当时的太原市南郊区，沿汾河有好多泵站，老百姓种植的庄稼，都是用泵站的水灌溉农田，结果农民不仅没有丰收，反而遭受了损失。郭兰英唱的是“汾河流水哗啦啦”，结果变成了人们说的“汾河流水臭哇哇”，政府形象在老百姓心目中受到了很大影响。随着国家对环保的逐渐重视，山西也加快了生态治理的步伐。

省委、省政府与太原市将汾河治理作为省委的重要战略进行攻坚，花大力气进行治理。时任山西省委书记的胡富国亲自到汾河工地督查，参加义务劳动。同时，动员环保部门加强对企业排污的治理，包括污水处理，恢复“汾河流水哗啦啦”的景象。

2000年以后，汾河水的污染不是只有水利厅在治理，各级政府也在合力推进，当然还有汾河流域的老百姓不断提出治理的诉求。有的人甚至提起行政诉讼，有许多法律案件就是关于汾河污染的。例如，牲畜饮水后生病，庄稼灌溉后减产，原有的湿地消失，水源地的浅层水遭到污染等，影响人们的基本生产生活以及未来经济的发展。

在农副产品加工过程中，由于水质不合格，导致许多产品受到影响。例如，酒和醋的生产就受到了不同程度的影响。那么，我们应该如何发展呢？如果不进行治理，我们的生存将出现危机。

在这种情况下，我们开始将环保综合治理作为重点工作。水利系统通过各种形式调研，建立了水文监测系统，在各个出水口和入水口上建立了隔层，并且让水文系统专门设立了监测站来测量水量、断面上的水质和污染程度。同时，还集中安装了现代化的感应器将数据传到厅里，及时向省委、省政府和各级市委、市政府定期通报各个河流断面的污染情况。这样水利部门与相关部门之间就可以及时进行信息交流。

在 2000 年到 2015 年间，全省逐步建立和完善了水污染监测系统。各地市和县一级的监测站也逐步建立了水质化验和水样晨报的日常数据上报制度。这样一来，各地监测点就能及时通报水质，大幅提升了对水污染的控制水平。

2010 年提案的背景

2010 年，当时政协的许多委员一直在提黄河的水质问题。特别是黄河水进入太原后，汾河水是否安全，人民的饮用水是否安全？这是大家最关心的问题，也是水利厅对党和人民负责、必须回答的问题。

水利厅经过大量调研发现，当初制定方案时黄河上游的饮用水水源地并无太多污染。后来由于内蒙古开采煤田，陕北进行各种资源开采，山西汾河上游挖掘煤炭等，这些复杂的情况给我们提出了新的课题。基于这样的背景，我提出了《关于建立山西水生态系统保护与修复体系的建议》的提案。

这个提案根据当时的实际情况提出了具体的解决方案，因此也受到了省政府和省政协的高度重视，作为重点督办提案，水利厅作了认真答复，省政协认真督办。

基于提案的内容和当时的实际情况，水利厅提出了一个水生态保护的系统方案。因为水生态的保护是一个庞大的系统工程，这里面不只是水利部门的工作，还涉及沿岸治理等方方面面的问题。

给省政府提了这个方案以后，水利部门也把方案作为未来发展的战略规划，由水利部门邀请了中科院王浩院士牵头，给山西编制了水生态保护方案，同时也上报给省政府和水利部。

当时这个内容也引起了省人大的重视，作为当届省人大的立法内容，被列入山西地方性法规。可以说，当时这个提案起到了积极的推动作用。

制度缺失带来的危害

在省政协履职期间，我们多次到地方调研。在实际工作中发现，当时由于体制和制度的缺失，导致很多问题的产生和放大。

在《条例》出台之前，水治理是城乡分割的状态，例如水利部门负责农业灌溉用水，城市供水由城建部门和市政部门管理。这种管理模式导致各行其是、部门之间的扯皮现象严重，导致在水污染的综合治理问题上出现了许多漏洞。

随着城市化程度的提高，许多县一级供水部门由住房和城乡建设厅系统管理，乡镇一级的供水由水利系统管理，例如阳泉市的供水全靠山南水库，长治市的供水靠漳泽水库，太原市的供水靠汾河水库，都是由水利系统修建的水库供水。水利系统和城建部门的用水关系以及水利系统和城建部门的管水问题，就形成了矛盾。

在调研中还了解到节约用水的管理问题以及如何在城市和农村实现水资源的统一管理。当时有的节水办公室设在城建部门，有的设在水利部门，导致因为节水的责任不明相互扯皮，还包括河岸、河道、城市和农村条块分割状况。没有部门能统筹管理。但是水是流动的，是相互影响的，上游受到污染，下游就会成为受害者。如果没有系统性和合理性，没有政府统筹，治理就是行政资源浪费，会导致很多矛盾，产生很多漏洞。所以制度的缺失，导致供水、用水、水污染治理的漏洞和不协调。

针对这些问题，我们应该如何实现城乡一体化管理，让行业部门统一行动，形成有效的合力？因为此前人大和政协都在提出建议，各个行业部门也在反映，包括老百姓的呼声。我就结合这些多方面的因素和声音，把信息进行汇总，最终形成了这个提案。

提案的提出

在 2010 年的省政协十届三次会议上，我的提案《关于建立山西水生态系统保护与修复体系的建议》正式提出。

因为水生态问题迫在眉睫，我想借助政协和水利厅的力量，通过全省两会的影响力，一方面通过提案引起政府重视，另一方面向大会反映水生态系统破坏严重的状况。借助社会舆论和新闻媒体的报道，进一步扩大影响力。

提案的内容大概是这样：山西以煤炭产业为主导，山西的工业经济发展依托于工业或者冶金方面的重工业，挖煤、输电、生产冶金产品都是靠水来支撑附加值。我们应该如何利用好水、提高水的利用率，同时保护好水、让水资源不受污染？同时我们的第三产业，例如山西的汾酒、醋等许多产品都依赖于好的水质。在这种情况下，如果我们不解决水的问题，我们的民生、我们的品牌企业就会受到很大影响。

针对这些问题，我提出了“建立山西水生态系统保护与修复体系”，具体内容从 5 个方面进行了详细阐述：1. 建立水生态系统保护与修复体系的原则。2. 控制指标及响应机制。3. 技术路线。4. 保护（恢复）目标。5. 保障措施。

正式起草，经历困难，最终出台

提案提交以后，省内各大新闻媒体都作了报道。省政协也将其作为重点督办提案，水利厅给了及时、详细的回复。作为政协委员，我们和相关部门进行了面对面沟通，在对提案内容达成一定共识的基础上，水利厅给出了具体的答复。省委主要领导作了批示，这对下一步由省人大形成地方性法规起了很大的推动作用。

提案提出的时候，我还在水保局工作。我记得两三年后，省人大开始就这个法规进行调研。后来水利厅进行干部调整，我被调整到政策法规处担任处长，正式接手省人大给水利厅下达的水生态保护系统条例的起草任务，我便开始着手这件事情。

我们进行了长期的调研，参照国内、国外、省内、省外的条例起草，并提交给省直各部门、地市县等征求意见。

省人大通过省人大系统，由各级人大邀请专家研讨，群众代表提出意见和建议，讨论过程大约有两年半时间。

一部法规的出台必然要经历很多困难和阻力。因为水的问题涉及地面水、地下水、环境、农村、城市、民生和工业等多个方面，涉及的部门也很多，有些部门对出台这个政策持反对意见，例如工业废水处理必然会给企业增加成本，这在当时来讲都是巨大的投入和挑战。

如何治理污染问题以及如何开展水环境保护工作，这对各级政府都是巨大的考验。政府需要投入大量的设施设备，各部门协调起来很困难。我们走遍山西各部门、各行业和各地方，上下都有阻力，水利部门也感到压力很大。

那么，条款的起草、法规的出台也要充分考虑这些因素，各方在执行时都存在一定的阻力，那就不能强行出台，需要推后处理。至少要在地方已经具备水处理能力和排污能力的条件下才能出台，否则，法律仲裁的重锤将落在这届政府头上，政府也难承其重。

尽管阻力很大，但是经过大家的努力，各级政府和人民还是特别支持新法规的出台。这个提案于 2010 年提交，经过多年努力，一直到 2017 年，《山西省汾河流域生态修复与保护条例》（以下简称《条例》）正式由省人大颁布施行。

《条例》出台意义重大

《条例》出台以后，原来单一的环保和水利部门治污、治河已经成为历史。山西省人大、各级政府、政协、涉水部门和环境部门都高度重视，并逐渐形成了强大的合力。

水生态保护之所以上升到法律高度，是因为过去每个地方都有一种地方保护意识。因为需要发展工业和经济，所以水污染是正常现象，这是一种普遍的认识，最后只能靠法律的红线来进行规范。

自地方性法规出台以来，各级人大都非常重视，如果执行不到位人大就可以问责。这样的话，各级政府在发展经济的同时，就必须特别关注环保问题，环保与工业经济发展要齐头并进，不能有所偏颇。各行业管理部门都增强了环境保护责任意识，这样自上而下，全省人民都在关注汾河治理，把环境保护当成重点工作。

山西水生态保护系统的建立，在全国是排名靠前的。由于山西的地理位置和资源问题，我们比较早地提出了这个问题，也引起了许多其他省份水利系统的关注。当时浙江等几个省来山西取经，了解山西《条例》的制定和贯彻执行情况，我们进行了很好的交流。

就当时来讲，虽然不能说是先进的，但至少在治理水环境方面，我们已经取得了一定成果。与其他省份相比，这个《条例》的出台还是具有典型意义的。

2017 年《条例》出台后不久我就退休了。我最近还走访了原来工作的地方，做了一些了解。他们表示人大在 2022 年至 2023 年对《条例》的落实情况进行了一次视察调研，结果表明我们做得非常不错。

山西省人民政府办公厅文件

晋政办发〔2017〕95 号

山西省人民政府办公厅
关于印发山西省桑干河、滹沱河、漳河、沁(丹)河、
涑水河流域生态修复与保护规划
(2017—2030 年)的通知

各市、县人民政府，省人民政府各委、办、厅、局：

《山西省桑干河流域生态修复与保护规划(2017—2030 年)》《山西省滹沱河流域生态修复与保护规划(2017—2030 年)》《山西省漳河流域生态修复与保护规划(2017—2030 年)》《山西省沁(丹)河流域生态修复与保护规划(2017—2030 年)》《山西省涑水河流域生态修复与保护规划(2017—2030 年)》已经省人民政府同意，现印发给你们，请认真组织实施。

— 1 —

2017 年，山西省人民政府办公厅下发《关于印发山西省桑干河、滹沱河、漳河、沁（丹）河、涑水河流域生态修复与保护规划（2017—2030 年）的通知》

各级政府制定了“一河一策”，就是一条河流一个治理办法，包括目前实行的河长制，就是一条河跨越一个县、两个县，甚至几个县的，跨县级流域的由市级领导担任河

长，跨乡镇的由县级领导担任河长，跨市的由省级领导担任河长。河长对整个河流流域不是分开管理，而是进行一体协调管理。

我在水利厅查看了人大关于《条例》调研落实情况的报告，能看到山西的水生态环境有了明显改善。

现在的汾河水从各个断面上看，比 20 年前、10 年前的清洁程度都有很大改善。人们不再担心饮用水和灌溉的问题。原来受污染的河里现在已经可以放水养鱼，有些地方有了荷塘甚至形成了景观，包括汾河向南北延伸，大家都能看到，是太原市的一道风景线。

《条例》出台后，山西境内已经断流的五六十眼泉水正在逐步恢复。例如，晋祠的泉水接近实现复流。我老家清徐的平泉村，已经有上千年的历史了，原来平泉村到处是泉水，为了让晋祠泉水尽快复流，当时的一位省领导还专门去了清徐，策划把那里的泉眼先填了，结果填了以后晋祠的泉水也没有出来。所以当时为了让晋祠泉水复流，我们做了大量的工作，最后也收到了效果。

经过近几年的生态保护和全民动员，现在平泉村已经清水遍地。我们在法规处查看了资料，这里的泉水与济南趵突泉是同一时期恢复的。这是我们所看到的亮点。山西的泉水在逐步复流，全国多个行业和科研部门都反映黄河水变清了，这在全国都引起了关注。

我们涵养了地面水，同时限制了地下水的超采，尤其是煤矿矿坑排水等。现在我们严格控制排水采煤，杜绝以前小煤矿的私挖滥采情况，这对保护水资源起到了很大的作用。

中共山西省委办公厅

厅字〔2018〕54号

中共山西省委办公厅
山西省人民政府办公厅
关于印发《以汾河为重点的“七河”
流域生态保护与修复总体方案》的通知

各市、县委，各市、县人民政府，省委各部委，省直各委、办、厅、局，各人民团体：

《以汾河为重点的“七河”流域生态保护与修复总体方案》已经省委、省政府同意，现印发给你们，请结合实际认真贯彻

— 1 —

2018年，中共山西省委办公厅、山西省人民政府办公厅《关于印发〈以汾河为重点的“七河”流域生态保护与修复总体方案〉的通知》

黄土高原水土流失问题严重，山西输入黄河的泥沙量占黄河年均输入量的1/4，现在黄河水变清了，植被恢复了，地表水清洁了，山西作了很大贡献。有了退耕还林、综合治理，以及全国性和地方性法律保护母亲河，支流的

水恢复后，黄河的干流肯定也会越变越清。可以说，法规条例起到了很大作用。

个人感受和积极影响

作为我个人来讲，有幸参与制定了这部《条例》。通过接触到的人和事，我感受到法规出台以后，山西的生态环境确实得到了改善。

通过反馈可以知道，目前农业灌溉用水质量得到提高，饮用水质量也明显改善。由于城市净化和水环境的需求，环保部门在污水处理厂的建设上投入了大量精力。政府在各出水口和城市设立了污水处理厂，对工业废水和城市污水实现了净化。

对于水利部门来说，过去我们只关注字面上的法律，现在已经成为实际的执法行动。我体会最深的一点是，目前我们的环保执法都非常便捷和现代化。《条例》出台后，水政执法队伍建立起来了，而且装备更加先进。河道、水库有执法船，地上有执法摩托车和汽车，高空还有无人机。例如，有人破坏水污染排水口，我们会在人无法到达的地方使用无人机进行拍摄。只要有群众反映、监测系统提示，就可以马上采取行动。《条例》的出台落地，对水利部门更好地发挥职能作用具有很大的影响。

《条例》的出台，对于民生的改善也是非常显著的。

水环境的保护尤其对山西农村意义非常重大，山西绝大部分饮用水依靠浅层井水，少部分为深井水，剩下的为河道内用水。许多城市都使用水库和河道水，治理完河道水污染问题后，老百姓的饮用水安全问题就解决了，可以减少疾病以及由于环境污染造成的身体伤害，大大保障了老百姓的用水健康。

2014 年“加强河道治理”提案情况

2014 年我还参与了《关于进一步加强我省河道治理和生态保护的建议》的提案，这个提案其实和 2010 年《关于建立山西水生态系统保护与修复体系的建议》的提案是后果和前因的关系。

山西过去降雨量较少，尤其是黄河流域经常干旱，这是最大的问题。2010 年国家出台退耕还林政策后，山西推行力度大，绿化面积显著提高，生态系统得到了很大改善，年降雨量也由原来的 300 多毫米提升到了 500 多毫米，有些地方甚至达到了 600 毫米。

同时在我们的大水网逐步建好以后，我们从外部引回的水量也增加了，新修建了十几个水坝，水库水量显著增加，使原本干旱的地方可以灌溉了，但同时对河道的要求也在提高。

降雨量增加、外引水量增加，导致河道的承载力也就加大了，河道的修建、治理标准提高工作迫在眉睫，特别是防洪处理工作。很多河道因超过了承载能力而引发了洪灾，梯田坍塌、农田冲毁等事件频发，原本设防标准低的地方就出现了问题。

所以 2014 年这个提案，是为了提高河道防洪标准和泄洪能力，否则一旦洪水来袭，超过河道的承载力，将会对人民的生命和财产构成威胁。因此，我们提出治理中小河流的河道，以提高防洪能力。在我们缺水时需要进行水生态修复，水量丰起来以后则需要注意防洪，这就是两个提案之间的联系。

见证几十年汾河变化感触良多

自从我参加工作以来，汾河治理一直是山西水利的重点工程。汾河流经山西 6 个市，养育了全省 41% 的人民。汾河问题始终是水利部门重点关注的问题，涉及七大河流，省城位于汾河中上游，我十分荣幸地亲眼见证和参与了汾河的治理。

我印象最深的事情是汾河二库的修建。中华人民共和国成立后山西的第一座水库就修建在汾河上游。我在财务处担任副处长时，开始修建汾河二库。为什么要修建汾河二库？目的是保护太原的安全。由于汾河水库当时已经有一半被淤泥占据，一旦遇上大规模的洪水就可能导致太原城市的危机。

汾河二库修建后，就保证了太原城基本不会再受到洪水的威胁。因此，太原市修建了滨河东西路和汾河景区。汾河那么宽的断面，可以说是因为有了一库、二库的保护，才有了滨河东西路和汾河景区。

我在水利系统工作多年，见证了汾河的重大变迁。我参加工作时，汾河滩是一个乱沙滩，野草疯长，是一个没人去的地方。我见证了汾河从北向南延伸形成景区，再到成为交通干道。现在这里已经成为人们休闲娱乐的场所，甚至是外地人来太原市必须参观的景点。

我作为一个从事水利工作的人，看到水就非常高兴。每次去景区我都会先看河和水，在太原看到的是汾河，在阳泉看到的是桃河，每个地市都有一条风景河。包括大同、朔州、吕梁等市都有河道，甚至每个县都将河道作为风景线，进行治理、绿化和水源地保护。我们现在看到的山西是真正的表里山河，是山西人民的福音，也是对山西常年煤炭污染形象的突破和改观。

我现在走到哪里都在关心是否有泉水，泉水是否已经复流，我希望山西的泉水都能够复流。我现在退休了，出去遛弯儿时，经常发现有些人不注意水环境保护。许多公园里好不容易引来水，一些游客会把一些塑料袋或者瓶子扔到水里。我经常告诫身边的人不要这样做。我认为每个人都应该保护好水环境。

山西的水生态保护还在持续推进，我印象中忻州也在制定当地的水生态修复保护方案。通过制定法律、各级政府的重视以及执法队伍的建设，唤醒全民保护水环境意识，关注水生态环境。

我所展望的是山西水环境的保护、黄河古贤水利枢纽工程的建设、未来大水网的运行、水资源的提升利用等，这些都对山西的经济发展和社会发展有很大推动。这是我的第一个观点。第二，我认为有了清洁的水和优美的环境，山西的经济能够早日迎来再次繁荣。第三，山西是一个宜居的地方，我们的文物古迹丰富，如今改变了以往又黑又脏的面貌，希望能吸引更多游客，特别是外省游客到山西旅游观光。

我们的山水环境更美了，文物也让更多人知道了，希望环境的变化带来经济的腾飞，让山西成为全国甚至全世界人民的旅游胜地！

政协工作受益终身

我担任政协委员十五年时间，这十五年是我生活和工作经历中最精华的部分。在政协，我结识了诸多的朋友和专家。经过这十几年的接触，他们对我的生活和成长有很大帮助。例如，他们发现水利方面的问题会及时联系我，我在工作中遇到问题时也会请教他们。

王彦平获得包含“省科技进步奖”在内的多项荣誉证书

当各厅局扶贫工作队、学校扶贫工作队的同志们认为某个地方缺水问题亟待解决时，我会想尽办法与相关水利部门协调解决。当某些地方出现洪水问题，水库、河道破损问题，容易引发防洪安全问题时，我会积极配合防汛部门解决这些问题。

我们在行业部门中及时沟通，进行横向交流，例如教授带领学生到我们单位实习、交流。政协的同志们也会到水利部门调研，了解最艰苦部门的工作状态以及工作中需要解决的问题。

简单来说，我在政协这么多年结识了很多朋友。我相当于上了 15 年的“研究生”，交了 15 年的朋友，学了 15 年各方面的知识。政协是我一生成长中最坚实的阶梯。

一泓清水入黄河，在我们这一代一定能实现

薛金平

政协委员通过提案和平时反馈的社情民意，确实解决了不少问题。每个人从不同的侧面关心汾河水质和生态环境的变化。通过这些交流，我们对汾河流域存在的问题，包括未来治理方面的措施，在认识上基本能达成一致。我作为政协委员，将个人想法通过平台与其他人交流，共同改善整个生态环境，这是最大的荣幸。自 2021 年我省汾河流域上下游横向生态补偿办法的实施落地以来，汾河的生态环境发生了翻天覆地的变化。未来，我们要做好自己的工作，相信通过我们一代人的努力，一定能实现习近平总书记提出的水量丰起来、水质好起来、风光美起来的目标，实现“一泓清水入黄河”的美丽愿景。

薛金平，第十二届、第十三届山西省政协委员，山西省水利厅总规划师、二级巡视员。2018 年，在省政协十二届一次会议上提出《完善流域横向生态保护补偿机制　加快七河生态修复与保护》的提案，推动了汾河流域上下游横向生态补偿办法的实施落地。在省政协履职期间，6 件提案均围绕水利展开，为山西省水利建设和管理作出了积极的贡献。

在水利部门一干就是 37 年

我于 1981 年就读于清华大学水利工程系水资源工程专业，大学毕业后，在水利部门工作了 37 年。先后在山西省水利水电勘测设计研究院、水利建设开发中心工作过。2010 年，来到省水利厅工作，2023 年担任省水利厅总规划师、二级巡视员。这些年的工作主要是水利工程的规划和水资源的管理，近几年重点关注水生态的修复治理等工作。

我在水利厅主要负责规划工作，具体工作有以下几项。首先是工程规划，例如我们正在制定的山西现代水网规划，包括三纵九横，主要利用黄河干流和省内几大河流实现互联互通，以确保山西的水安全。2023 年 5 月份省政府已经批准此规划，我们计划下一步实施。这个规划规模非常大，总投资为 5000 亿元，计划实施到 2035 年。其次是当前省委、省政府最关注的一件事情——“一泓清水入黄河”。这项任务由省生态环境厅牵头负责，省水利厅也承担着重要的任务。总投资为 1046 亿元，水利部门大约有 292 亿元的投资，占比非常大。我作为水利厅“一泓清水入黄河”工作专班的技术负责人承担这项工作。这项任务非常艰巨，到 2025 年，山西黄河流域各河流入黄河的水质全部要达到Ⅲ类水的标准，难度很大，工作量也非常大。

薛金平（左）在工作会议讨论中

水利厅作为一个职能部门，承担着全省所有重要水利规划。作为水利厅的总规划师，我的责任非常大。水利厅的许多顶层设计都是通过我们的规划实现的，例如，近几年我们制定的山西现代水网规划，包括水土保持规划、地下水开发利用规划；在“十四五”期间，山西的水安全保障规划，规划总额达到了 1390 亿元，规模非常大。这些实际上都是全省下一步水利工作如何具体实施的重要指导。

在规划的基础上，我们按行业分类，出台了一系列制度，例如水资源管理、河湖生态保护治理、水土保持以及河湖长制管理等。

政协工作概况

我是第十二届和第十三届山西省政协委员，两届都在农业界别，其中第十二届在农业农村委，第十三届在人资环境委。

我第一次参加省政协会议是 2018 年的省政协十二届一次全会。因为省委、省政府的领导同志都参加了全会，现在回想起来印象还是非常深刻，第一次感受到了作为政协委员的责任重大。

我认为省政协是一个很好的交流平台，涉及整个社会方方面面的事务。对于我而言，这几年的履职经历也让我通过学习努力提升了自己的专业水平，更好地服务于政协的工作。

其中让我最难忘的是第十二届省政协农业界别的 20 位政协委员，因为我们在一起相处了 5 年时间。每年召开全会时，大家都会围绕政协主题交流自己的看法和思路，这个过程非常愉快，收获也非常多。

我在水利部门工作了 37 年，积累了丰富的经验。这为我在政协参与政治协商、民主监督、参政议政的履职工作奠定了良好的基础，也为我撰写提案提供了良好素材。因此，我认为作为一名政协委员，首先要把本职工作做好。

我在水利厅的主要工作是水利规划，所以在省政协履职期间，我参政议政的方向也重点关注水资源管理和水生态修复。以前我更关心水利工程的立项建设，近年来侧重于关注水资源管理、“四水四定”以及水生态保护修复方面的工作。

目前，我的重点工作是山西水网的建设规划以及“一泓清水入黄河”工程的实施。因此，我也会在这些方面多提一些提案和好的意见建议，以便更好地完善山西的水资源、水环境、水生态以及水灾害治理等方面的工作。

回顾近 20 年山西水利问题

2017 年，习近平总书记考察调研山西时强调：“一定要高度重视汾河的生态环境保护，让这条山西的母亲河水量丰起来、水质好起来、风光美起来。”2020 年，习近平总书记考察调研山西时再次强调：“要切实保护好、治理好汾河，再现古晋阳汾河晚渡的美景，让一泓清水入黄河。”

衡量汾河生态的好坏，我觉得有这么几个指标：第一个就是汾河的生态流量一定要保证，第二个是水质要达到良好的指标，第三个就是地下水超采一定要得到治理。

要说到近 20 年我省 7 条主要河流（汾河、桑干河、滹沱河、漳河、沁河、涑水河、大清河）最为突出的生态问题，主要有三个方面：首先，部分河道断流；其次，部分河道水质不佳；最后，还存在地下水超采和岩溶大泉断流的问题。

对农业灌溉、工业生产、生活用水有哪些影响呢？我认为首要的指标是河流水质，水质直接关系到生活生产的安全问题；其次河道出现断流，对供水保障在一定程度上也会产生影响；最后就是地下水不能超采，超采后会直接影响生态环境。还有近年来岩溶大泉的水量衰减，甚至断流，这对水生态整体的影响非常大。

新中国成立以来，我们山西的水治理大致可以分为五个阶段。第一个阶段是 20 世纪 50 年代到 60 年代，主要以水库和灌区建设为主，重点关注水资源利用；第二个阶段是 20 世纪 60 年代到 70 年代，我们重点关注地下水的开发利用；第三个阶段是 20 世纪 80 年代到 2000 年，尤其是

1998年长江发大水之后，我们将重点转移到防洪工程，在汾河流域建立了800公里的堤防；第四个阶段是2008年至2015年，我们实施“千里汾河清水复流工程”，通过调引黄河水，保证汾河生态基流，使汾河不断流，同时对沿河地下水也有补充的作用；第五个阶段是2016年以来，我们开始汾河流域的生态保护和修复工作，以自然修复为主，结合人工措施，努力从源头扭转汾河流域生态环境恶化的趋势。

经过近20年的治理，汾河生态环境修复取得了很好的成效，特别是汾河水质得到明显改善。2000年，汾河水质非常差，经过多年治理，2019年，汾河入黄河水的水质退出了劣Ⅴ类，2020年达到Ⅴ类水标准，2023年水质已达到Ⅳ类标准。

水污染治理的重点是实现城市污水全收集、全处理，这对水质改善有非常重要的作用。近20年来，汾河流域水生态改善的最大成效，也体现在我们全面实现了城市污水全收集、全处理，这对于汾河水质的改善意义重大。

《完善流域横向生态保护补偿机制　加快七河生态修复与保护》提案的提出

2018年1月，在省政协十二届一次会议上，我提出《完善流域横向生态保护补偿机制　加快七河生态修复与保护》的提案。提案中，我梳理了七河流域存在的问题，在此基础上提出三条建议：第一条，七河流域下游应在资金和政策方面给予技术支持，鼓励上游农民参与生态建设。第二条，当时正值脱贫攻坚关键时期，七河上游有许多水源保护区和泉域重点保护区。我建议在这些地方结合脱贫攻坚进行易地扶贫搬迁。第三条，我建议上游地区通过横向生态保护补偿，切实承担起七河流域生态保护的补偿责任。

那么何为“流域横向生态保护补偿”？横向生态保护补偿是相对于纵向生态补偿提出的。纵向生态补偿是由政府直接投资，而横向生态补偿则是由生态受益地区向生态保护地区提供补偿。

河流上游通常要求下游进行补偿，以保证上游水量和提高水质。在这方面当时全国已经有先进案例，例如南方的新安江流域，上游的安徽和下游的浙江，横向生态保护补偿已经取得显著成果。

那么，当时提出此提案主要是基于三个背景。

第一，习近平总书记在 2017 年 6 月考察调研山西时强调：“一定要高度重视汾河的生态环境保护，让这条山西的母亲河水量丰起来、水质好起来、风光美起来。”这是大背景。

第二，当时汾河的生态保护治理投资巨大，全部依靠政府投资难度较大。2016 年，水利部和省政府批复汾河流域生态修复规划和七河流域生态修复规划。汾河流域生态修复规划总投资为 1300 亿元，七河流域的生态修复规划总投资共计 2700 亿元，投资规模非常大。仅仅依靠纵向补偿、依靠政府投资很不现实，难以解决生态环境治理问题。我提议进行横向生态补偿，让生态受益的地区补偿生态保护的地区，以充分利用横向生态补偿资金满足生态修复治理的投资要求。

第三，2016 年，国家和山西已经先后出台了关于横向生态补偿的政策性文件，但工作机制尚不完善。因此这个提案与我的工作经历有很大关系。

当时我们山西的七河流域上游的生态问题依然严峻，一是水量过度开发，二是水质较差，三是整个水生态环境不佳。首先，河流上游通常是贫困县，财政资金相对短缺。其次，纵向补偿资金不够，这是突出的问题。

我当时提到的案例主要涉及汾河水库以上，汾河水库是太原市的水源地，承担了太原市城区 400 多万人口的生活饮用水。上游的 4 个县，宁武、静乐、岚县、娄烦，为了保证汾河水库的水质，这些地方作出了很大的牺牲，所以我考虑上游 4 个县，尤其是贫困县在 2018 年时正在为脱贫攻坚努力，我当时提出如果可以进行横向生态补偿，通过下游给上游 4 个县进行补偿，实际上就是一个战场两场战役，既能把生态环境治理好，也有助于上游 4 个县的脱贫攻坚。

易地扶贫搬迁也是当时脱贫攻坚的一项重要政策。我在提案中提到易地扶贫搬迁，主要针对生态修复治理过程中的源头保护区、水源地保护区以及重点泉域保护区。如果在这些区域内确实存在住户，我建议将生态修复与易地搬迁结合起来，这样就能一次解决两件事情。

因为在这个提案提出前的 2016 年、2017 年，我主要负责七河流域的生态修复工作，所以对七河的上游、中下游非常了解，体会也很深。同时，我查阅了相关资料，进行了相关调查，对原来的内容进行了梳理。在此基础上，我提出了这个提案。这个实际上是我们多年来存在的问题，这次作为提案提出，我认为非常及时。

政府积极响应，机制落到实处

这个提案提出后，在那一年还有其他几位政协委员对汾河流域的生态保护修复也提了建议，一共 9 条建议。这些建议作为当年省政府督办的事项，由山西省政府副省长牵头督办，我记得一共开过两次协调会，会上有好几个省直相关部门都参与了讨论。我们几位政协委员与相关部门的领导同志进行了座谈，相关部门也作了回复。

我的提案内容涉及 4 个部门，省发改委、省财政厅、省环保厅和省水利厅4个部门按照职能都及时给予了回复，对于当时回复的结果我也非常满意。

中共山西省委办公厅

厅字〔2018〕54号

中共山西省委办公厅
山西省人民政府办公厅
关于印发《以汾河为重点的“七河”流域生态保护与修复总体方案》的通知

各市、县委，各市、县人民政府，省委各部委，省直各委、办、厅、局，各人民团体：

《以汾河为重点的“七河”流域生态保护与修复总体方案》已经省委、省政府同意，现印发给你们，请结合实际认真贯彻

— 1 —

2018年，中共山西省委办公厅、山西省人民政府办公厅《关于印发〈以汾河为重点的“七河”流域生态保护与修复总体方案〉的通知》

发改委从宏观角度赞成生态修复，表示要从纵向生态补偿方面增加生态修复投资，财政厅主要关注横向生态保护补偿工作，也给出了支持的答复。实际上，此前财政厅和环保厅已经在汾河流域先期开展了一些相关工作，从2009年开始，他们已经开展了流域横向生态保护补偿的一

些工作，而且效果非常好，所以也是支持的回复。水利厅主要关注汾河生态修复，并从技术等方面给予了回复意见。

这个提案的提出和实施落地，整个过程相对顺利，中间没有遇到什么阻力，因为对各方来说都是好事，大家都愿意积极推进。生态环境改善后，下游群众是受益者，上游群众得到生态保护补偿，通过生态环境治理，将环境治理好，同时加快上游脱贫攻坚的步伐。大家对此没有意见，都表示赞同。

上下游“沧桑巨变”，水质、生活质量双提升

流域横向生态保护补偿机制所带来的效果和变化是显而易见的。最典型的是太原汾河，一共长达 43 公里，汾河流域的生态环境改善非常明显。

自提案提出后，我们经常到汾河流域各地现场考察。我们到汾河上游的宁武县考察时，发现这两年生态环境的改善非常明显。到静乐县调研的时候，观察到那边汾河的水质已经达到Ⅱ类水，水质标准非常高。那边的环境变化也非常大，包括人工湿地的建设、水环境质量的明显提升，周围老百姓的体会是非常深的。

那么对于生态环境的改善，其实我觉得有几个数据是比较直观的。首先是水质的改善。在 2019 年之前，汾河入黄河的水是劣Ⅴ类水。在水质分类中，Ⅲ类水可以作为生

活饮用水水源，Ⅳ类水可以作为景观用水和工业用水，Ⅴ类水可以作为农业灌溉用水。理论上劣Ⅴ类水的水质是不能作为生产和生活用水的。在2019年之前，汾河干流大部分都是劣Ⅴ类水，除上游较好之外。其实劣Ⅴ类水理论上是不能用于农业灌溉的。到2019年底，汾河入黄河的水终于退出了劣Ⅴ类，2020年汾河干流全部退出劣Ⅴ类，说明这个水至少可以作为农业灌溉用水。到2023年，汾河水基本达到Ⅳ类水标准，这些水既可以作为景观用水，也可以作为工业用水。

接下来，我们计划在2024年和2025年使汾河的水达到Ⅲ类水标准，这样的话，汾河水将成为生活饮用水水源，到时候大家可以放心在河里游泳。以前水质差的时候，不敢亲近汾河水，随着水质越来越好，在未来人们可以放心接触汾河水。经过我们的努力，汾河全流域均可达到Ⅲ类水标准，这将使生态环境和人们的生活质量得到明显改善。

其次，大家对汾河流域的绿植景观变化感受也比较深刻。以前河道里都是沙滩，大家下去后感觉很不好。现在治理后，绿植增加了，周边环境也好了，沿河的老百姓感触会更深。

山西省生态环境厅
山西省财政厅文件
山西省水利厅

晋环发〔2021〕55号

关于印发《汾河流域上下游横向生态补偿机制实施细则（试行）》的通知

忻州、太原、吕梁、晋中、临汾、运城市人民政府，万家寨水务控股集团有限公司：

《汾河流域上下游横向生态补偿机制实施细则（试行）》

— 1 —

2021年，山西省生态环境厅、山西省财政厅、山西省水利厅《关于印发〈汾河流域上下游横向生态补偿机制实施细则（试行）〉的通知》

近几年，特别是在2021年省生态环境厅、省财政厅和省水利厅发布《关于印发〈汾河流域上下游横向生态补偿机制实施细则（试行）〉的通知》以来，汾河的生态环境发生了翻天覆地的变化。这个细则在原有基础上提高了补偿标准，细化了补偿办法，更加翔实和具有可操作性，改善效果也更加明显。例如现在汾河干流已经达到了15立方米每秒的流量水平，这在以前是不可想象的。因此，现在汾河的水量稳定，为水质保障提供了良好条件，我们对此感触非常深刻。

实际上，2017 年以后，我沿着汾河从上游、中游和下游跑过很多遍。特别是习近平总书记在 2020 年来山西考察调研时，对汾河的评价有句话叫“沧桑巨变”，汾河流域的生态环境变化得到了习近平总书记的认可，这说明我们这些年在生态保护治理方面确实取得了很大成效。

近些年，我省采取了加大财政转移支付的补偿措施。按人均计算，目前宁武、静乐、岚县、娄烦这 4 个县的人均一般公共预算支出已基本接近全省平均水平。所以我觉得整个汾河流域的生态环境得到了极大改善，我们在未来还要再加大力度，通过进一步的努力使生态环境质量得到更大提升。

作为一名政协委员，能够将自己的想法转化为现实，我感到非常荣幸。汾河流域生态环境的改善确实为沿河老百姓带来了切身的利益，例如水质改善了、水量增加了、风光变美了，老百姓的生活幸福指数也提高了。

生态保护政府治理是一方面，政府需要加大投资，包括纵向、横向生态补偿；另一方面，作为普通老百姓，大家的生态保护意识也应该有所提高。生态保护除了工程措施之外，还包括自然修复，自然修复需要大家共同努力，从意识上、行动上主动保护环境，这才是治理好生态环境的长久之计。

关于《黄河流域生态保护和高质量发展》的提案

我曾经在省政协十二届三次会议上作过一次大会发言。那次能够在大会上发言，说明我的提案得到了领导的重视。看到近几年我省对于水土流失的治理和水资源刚性约束管理等方面的变化，说明这个提案也起到了很大的推动作用。

薛金平（前）在省政协十二届三次会议上发言

在十二届政协履职的 5 年时间里，我共提出 6 个提案，包括加强水资源的节约利用，推进水土流失的治理等。《黄河流域生态保护和高质量发展》这个提案的提出有一个契机。2019 年 9 月 18 日，习近平总书记在黄河流域生态保护和高质量发展座谈会上发表重要讲话。围绕习近平总书记对黄河中游水土流失和水污染治理等方面对山西的要求，我提交了这个提案，其中的内容包括加强淤地坝建设、坡耕地改造、旱作梯田建设等。这个提案主要围绕两个方面展开，一是水资源管理，即“四水四定”：以水定城、以水定地、以水定人、以水定产。因为水资源管理对山西非常重要，我们之前的规划中可能没有考虑水资源的支撑条件。比如以前的工业园区建设，有的建造在一个没有水的地方，后来再建设水资源工程时，他们走了很多弯路。这个提案是从水资源管理角度出发来贯彻习近平总书记提到的“四水四定”原则。水作为基础支撑，是确保经济社会发展的重要因素，工业园区的布局等也需要以水而定。二是围绕水土保持问题展开，这里面虽然水利部门的职能很重要，但同时涉及许多其他部门，如林草局等。因此，通过各部门综合加强水土流失治理，全省生态环境得到了更大的提升。

这个提案提出之后，我们在水土保持治理方面的力度在持续加大。这得益于国家对黄河流域生态保护和高质量发展，特别是国家战略的重视，因此，近两年山西整个淤地坝的建设和坡耕地的改造工作力度比原来有所加大。

在水资源管理方面，近几年我们对整个开发区的规划进行了水资源评估。如果其不满足水资源支撑能力，我们就会对开发区的规模和产业结构进行调整。这样总体上以水资源为支撑，保证经济社会的高质量发展。

我的提案与水利厅的职能和工作紧密结合，一方面是加大水土保持，另一方面是加强水资源的节约利用。近两年我们国家出台了许多文件，例如在水土保持方面，2023年中办和国办出台了加强新时代水土保持的意见，省政府也出台了山西省加强新时代水土保持的意见。因此，自上而下都在加强水土保持这方面的工作，这两年的力度确实比原来大。

近几年，国家陆续出台了一系列政策文件，包括国家节水行动。山西省也制定了实施方案，通过联席会议制度，节约用水工作也在不断得到加强。

在政协的6次光荣履职

在省政协履职期间，我每次在全会上都会提出提案，内容大部分还是围绕自己的本职工作。

在2018年1月的省政协十二届一次会议上，我提出了两个提案，一个是加强流域的横向生态保护补偿，另一个是加强煤层气开采对水资源的保护。当时煤层气开采是一个非常敏感的问题，也是山西省的重点开发项目。我的提案重点是如何在煤层气开采过程中减少对水资源的破坏。

在2019年1月的省政协十二届二次会议上，我提出加强农村供水安全。当时正值脱贫攻坚的关键时期，在“两不愁三保障”中，农村供水也是脱贫攻坚的一项重要内容。近年来，我深切体会到农村饮水安全的重要性，因此，我当时提出在2019年能否加快农村供水的步伐，在2019年能否提前将2020年全部脱贫摘帽的农村的供水工作做好。农村供水安全对我们的发展至关重要。

在2020年1月的省政协十二届三次会议上，我的提案主要围绕黄河流域生态保护和高质量发展展开，并在大会上发言。

在2021年1月的省政协十二届四次会议上，我提出的提案是加强工业园区规划的水资源论证。当时我们有88个开发区，然而有些开发区的水资源确实难以支撑园区的发展。我建议开发区的布局和结构需要符合水资源的支撑条件。

在2022年1月的省政协十二届五次会议上，我的提案主要围绕河道里的高秆作物和树木问题。当时为什么提出这个提案？是由于2021年的秋汛导致汾河流域下游的损失非常严重。损失并非完全来自洪水的问题，而是河道中有许多妨碍泄洪的高秆作物和树木，由此我提出解决这个问题的建议。

作为第十三届省政协委员，在2023年1月的省政协十三届一次会议上，我提出的提案是提高农业灌溉水平、确保我省的粮食安全。在党的二十大报告中提出：确保中国人的饭碗牢牢端在自己手中。由于这两年国际形势的变化，粮食安全也出现了问题。因此，2023 年的提案主要围绕如何增加水浇地面积，确保山西省粮食产量稳定达到 300 亿斤的水平展开讨论。这个提案包含几个方面，首先我们需要对现有的灌区进行更新改造。其次在有条件的地方，我们要建设新灌区，同时与省农业农村厅做好对接。目前按照职能分工，水利部门只负责配水，农业部门负责具体灌溉。因此，需要水利部门的大中型灌区配套与农业农村部门的高标准农田建设结合起来，确保山西的粮食产能稳定达到 300 亿斤的水平。

回顾履职经历，获得感满满

在这些提案提出后，各相关职能部门都能及时答复并采取相应的有效措施，最终落地实施的成效也非常明显。

一、汾河流域生态环境得到明显改善，这个体会最为深刻。近年来，省委、省政府各职能部门持续发力保护汾河流域生态环境，效果显著。

二、水资源节约利用和严格水资源管理制度也在逐步建立，使全省水资源管理水平得到显著提升。

三、近两年我们在水土保持方面的工作力度较大，全省的水土保持率也在持续提升。从 2021 年开始，我们先从汾河流域提升防洪能力。到 2022 年，全省的防洪能力提升工程都在进行。

因此，我认为在担任第十二届省政协委员的 5 年时间内，提出这么多提案并得到了有关部门的答复，作为一名省政协委员，我感到非常荣幸。

我是农业界别的政协委员，近几年的提案也以关心农业领域居多，但是因为工作内容涉及资源环境，所有在省政协参加的活动很多时候都在人资环境委，在提案的提出与调查了解过程中，与很多委员产生了交集。比如在省政府督办提案的过程中，我们有几位政协委员也在一起交流，每个人从不同的侧面关心汾河水质和生态环境的变化。通过这些交流，我们对汾河流域存在的问题，包括未来治理方面的措施，在认识上基本能达成一致。将个人想法通过平台与各位委员交流，共同改善整个生态环境，这是我们作为政协委员最大的荣幸。

在担任第十二届省政协委员的 5 年时间中，我感触颇深。首先，我的提案都得到了相关部门的支持，并且在最后能够见到实效，我感到非常高兴。其次，政协平台拓展了我的知识面。我从事水利行业，知识面相对较窄，在政协平台与各方面委员交流过程中可以丰富我的知识面，同时对我的工作有很大的促进作用。

我认为政协确实是一个非常好的平台。政协委员通过提案和平时反馈的社情民意，确实解决了不少问题。作为一名政协委员，我感到非常光荣。在今后的工作中，我将结合自己的专业特长和社会上的问题，多提出一些提案和社情民意信息，这将对山西整个经济社会的发展和生态环境的改善起到很好的作用。

亲眼见证汾河 20 年变迁，感触颇深

我于 1986 年到太原工作，在工作近 40 年的时间里，既是生态修复治理的参与者，也是见证者。尤其是 20 世纪 90 年代，汾河流域的生态环境确实非常差，污水横流、沙坑遍布。

大约在 1998 年，汾河生态修复太原段 1 期工程建成，之后陆续建成 2 期、3 期、4 期。汾河在整个太原城区大约 43 公里，到如今生态修复基本完成。作为太原人，我有非常深的感触。

另外一个是从 2008 年开始的“千里汾河清水复流工程”，虽然在当时太原的生态环境得到明显改善，但是汾河断流问题仍然非常严重。

2008 年，山西省委、省政府下了很大决心，实施万家寨引黄入晋工程。当年我们从万家寨引黄河水，不仅解决了汾河断流问题，沿线地下水位也在不断上升。

当然，印象最深刻的是晋祠难老泉这些年的变化。晋祠泉作为三晋名泉，大家可能都知道。晋祠难老泉在 1994 年断流，直到 2008 年，晋祠难老泉泉口地下水位降至最低，距泉口 27.76 米。从 2008 年开始，我们经过系统治理，直到 2023 年 5 月，晋祠难老泉的水位已经基本恢复，连续 14 天晋祠泉水位已经超过泉口，虽然目前情况还并不稳定，但这为我们在 2025 年实现晋祠难老泉的稳定复流奠定了良好基础。

党的二十大报告强调了美丽中国的建设。生态修复并非我们一代人能完成的，不是一朝一夕之功，而是一个长期的过程。因此，作为普通人，我们必须树立生态保护意识。尤其是在山西，我们作为水资源短缺的省份，更应该在节约用水和生态环境保护方面加强意识，为子孙后代创造良好的生态环境。

对未来汾河治理工作的展望

党的二十大报告将生态文明建设提升到了非常高的层次。山西省委、省政府认真贯彻落实习近平总书记多次考察调研山西的重要讲话和重要指示精神，以黄河流域生态保护和高质量发展重要实验区为牵引，持续实施生态环境保护和修复治理。

汾河作为山西的母亲河，省委、省政府和全社会都在高度关注。近年来，汾河流域的生态修复治理成效明显，除汾河外，我也非常关心山西的其他流域。其实汾河流域面积只占全省 1/4 的面积，还有 3/4 的地区生态环境需要改善，同样应该引起省委、省政府和全社会的高度关注。比如吕梁山的生态环境非常脆弱，所以下一步除了进行母亲河汾河的生态环境治理外，全省的生态环境治理面应该进一步扩大。到 2035 年基本实现公共服务均等化，我们也会朝着这个方向做进一步努力。山西的水资源相对短缺，生态环境也相对脆弱。山西的生态治理难度比其他地方大。山西年平均降雨量为 508 毫米，降雨量少，尤其是大同、朔州年降雨量不到 400 毫米，这是分界线。如果低于 400 毫米，则不利于树木的存活和生长，所以生态修复治理任务非常艰巨。尤其是吕梁山和大同、朔州地区，生态环境治理难度非常大。

我们为了山西的生态修复付出了巨大的努力。例如，为了保证汾河的水量丰沛，我们从万家寨引黄入晋。最近几年，调水量达到了 2 亿立方米，调水这项工作需要投入数亿元资金。

我们在过去几年为永定河生态补水作出了巨大牺牲，实际上我们给生态补水的水价低于成本价，横向生态补偿机制实际上还达不到成本水平。因此，这几年我们生态补水一方面是为了改善自身的生态环境，另一方面是为首都北京和天津等地作出了很大贡献。

下一步，根据省委、省政府的决策部署，我们将进一步加大生态环境治理，以确保山西生态环境得到彻底改善。我们要做好自己的工作，相信通过我们这一代人的努力，一定能实现习近平总书记提出的水量丰起来、水质好起来、风光美起来，实现“一泓清水入黄河”的美丽愿景。

全社会共同努力，
现在的汾河水大家可以放心喝

王维平

习近平总书记视察山西的时候，重点强调了对汾河的保护，要让汾河的水清起来，山西的天蓝起来。所以这些年，山西省委、省政府包括各地市积极响应总书记的号召，汾河水的水质到现在有了很大的改善。这么多年，其实关注这个问题的人很多，尤其省委、省人大、省政府、省政协很重视这个问题，后来对汾河的保护治理工作，在山西开展得轰轰烈烈。这些年汾河的保护工作效果鲜明，现在可以说做得非常好。这是全社会共同努力的结果，我们可以这样讲，现在的汾河水大家可以放心喝！

王维平，第十一届山西省政协委员、第十二届山西省政协常委，第十三届全国政协委员；曾任晋城市副市长、民盟山西省委会主委、民盟中央常委。2018 年，在省政协十二届一次会议上提出了《关于汾河上游岚河段污染治理的建议》的提案，重点关注汾河上游岚河段的水污染问题，为加强汾河源头水污染治理建言献策。2019 年，在全国政协会议上提出了《加强全国中小河流源头污染治理的建议》，被列为当年重点督办提案。

走到人民群众中去发现问题

我是王维平，今年（2023 年）62 岁了。大学毕业以后，最早是在学校当中学老师，后来出去进修读了本科，然后到省教育学院当老师。后来又出国留学，到美国读了博士，读完博士以后就去了晋城市，做晋城职业技术学院的院长，差不多有 8 年时间。在 2011 年的时候，转任晋城市人民政府的副市长，主要分管教育、医疗、卫生、科技、文化、旅游等工作。2016 年，我被选为民盟山西省委会的主委，然后就回到了省城（太原）工作。一直到 2022 年，我不再担任民盟山西省委会的主委，随后改任山西省人大教科文卫委员会的副主任，到现在我还在省人大工作。

我是第十一届山西省政协委员，到第十二届的时候连任政协委员，并且被选为省政协的常委，同时我也是第十三届全国政协委员。我作为省政协委员也好，省政协常委也好，总共在省政协工作了 10 年的时间。第十一届、第十二届都是属于民盟界别。

因为我是民主党派的政协委员，所以在履职过程中，我关注的问题主要和在民盟平时的调研工作有关系。比如说我在担任第十一届省政协委员的时候，当时还在晋城市工作，那段时间我们晋城市民盟调研的一些主要课题，就涉及职业教育、环境保护等，所以当时就会有一些环保方面的建议提案。

到了民盟山西省委会以后，也是根据民盟平时的一些调研课题来提出我们的政协提案。另外，民盟当时在参政议政方面有一些具体做法，比如我们有“六个一”的调研行动，所谓“六个一”，就是一个企业，一个乡村，一个景区，一个社区，一所高校，一所中小学。我们确立了“六个一”的调查研究重点单位后，就开展具体的调研工作。我们从这些地方的调研中获取信息、了解情况，特别是在和这些联系点上的人民群众接触的过程中，很容易发现一些问题。那么围绕这些问题，我们就提出具体的意见建议，最终形成提案。提案所涉及的领域除了环境保护，还有教育、旅游、文化、医疗卫生、科技等方面。

第一次参加政协会议

我记得第一次参加省政协会议是在 2013 年。我之前是省人大代表，到了政协，感觉政协委员和人大代表整体上参政议政的方式是差不多的，但是又有一些区别。之前作为人大代表，因为当时在晋城工作，我是晋城代表团的一员，所以我们重点关注的是晋城市的问题。到了政协以后，我是作为民盟界别的一员来参加省政协会议，我是民盟代表团的，主要是和党派的同志们在一起，我们更侧重关注全省这个层面的一些问题，所以感觉变化还是很大。

当时对于政协的感受，就是政协关注的问题面更广一些，这是其一。其二就是大家讨论的氛围更自由宽松一些，而且涉及的话题也更广泛一些。

要说到在政协难忘的同仁，确实有很多。因为政协是一个大家庭，虽然平时我们的联系并不是很多，但是在开会的时候大家共聚一堂，共商国是，有一种一家人的感觉。比如说两会期间，关注领导的一些讲话，讨论《政府工作报告》；同时我们也会交流一些其他方面的问题，比如说像有关民盟建设、组织发展的问题，都是我们讨论的内容。我们民盟代表团的成员，很多是来自高校或者研究院。让我印象最深刻的是，我们经常还能就一些专业领域的问题进行探讨，无论是历史、文化、经济、法律，都可能涉及。比如说环境保护方面，就是因为我们民盟界别有好多环保领域的专家教授，经常对当时的环境问题进行一些专业层面的探讨。有一次在会上，太原理工大学的梁美生同志，她是搞化工方面研究的，因此特别关注环境保护，所以大家当时就在会上聊起了这个问题。在会后我们又进行了一些交流探讨，我们两个人开始重点关注汾河上游的污染问题。这之后很长时间，我们对这个问题进行了深入的调查研究，最后形成了调研报告。类似于这种专业性的探讨，在政协的平台还有很多。

从发现问题到看到结果

2018 年，我在省政协十二届一次会议上提出了《关于汾河上游岚河段污染治理的建议》的提案。这个提案在之前我也提到了，当时民盟山西省委会在参政议政的过程中，我们有“六个一”的调研行动。这个行动当时还得到了民盟中央的肯定和表扬，而且还在全国民盟组织中进行了推广。

当时开展“六个一”的调研行动，在选择一个景区的时候就选定了汾河景区。在一次政协会议上，我和梁美生教授就谈到了汾河，梁教授当时就说汾河的水污染是比较严重的。后来我俩就约定去汾河的上游看一看，这也作为我们“六个一”调研课题的一部分。

民盟山西省委会的一些同志，包括我、梁美生教授以及她的几个博士生，就一起从汾河源头开始走，一直走到我们太原的汾河水库。在这个过程中，我们进行了河水取样，梁美生教授回去以后对水样进行了检测。当时的检测结果显示，汾河水的污染情况还是比较严重的，所以民盟山西省委会专门立项，正式启动了对汾河水污染情况的调研。

我记得最早是在2015年就启动了这个项目。

对于汾河污染的问题，其实早些时候在一些公开场合，还是不便于进行太具体、太热烈的讨论。第一，大家更重视经济发展；第二，汾河作为太原市的水源地，这个问题被发现以后，也不便于向社会公开发布。所以在当年，我们的调研成果形成报告以后，首先是以民盟山西省委会的名义，向省委、省政府的主要领导递交了一份报告，当时还没有在政协形成提案。一直到2018年才形成提案，在省政协十二届一次会议上正式提出。因为同时我也是全国政协委员，我就把这个问题推而广之，考虑到全国的同类型问题，在全国政协会议上提出了《加强全国中小河流源头污染治理的建议》。

多少年来，国家一直比较重视大江大河的治理，特别是长江、黄河水源地的保护，而对一些中小河流，在国家层面也有没有顾及的地方。地方政府更加注重经济发展，从上到下，其实对于中小河流的污染防治以及水源地的保护等工作，是不够重视的。

这个提案在全国政协提交以后，全国政协把它确定为重点督办提案，当时还在北京专门就这个提案召开了研讨会，全国政协联合 8 个部委，在会上进行了专题讨论和研究。

这个提案提出以后，省政协就开始关注这个问题，最后的效果也非常明显。我印象中，当时除了民盟山西省委会，还有其他一些民主党派，比如九三学社、民革（中国国民党革命委员会）等，他们也开始关注这个问题。

省政协还召开了一次专题研讨会，政协委员、专家学者，还有政府部门的负责同志参加了这次会议，大家开始共同关注这个问题，省人大也组织了人大代表进行调研，考虑关于汾河保护的立法问题。

在 2022 年，省人大常委会表决通过了《山西省汾河保护条例》，这就从法律上保障了汾河的水源安全。条例中明确提出汾河是我们山西的母亲河，一定不能够让它受到污染。当年我们调研的时候，汾河岚河段的水质属于劣Ⅴ类，这种水是绝对不能饮用的，连灌溉都不行，水受到严重污染。到现在（2023 年），汾河水已经达到了Ⅲ类水标准，经过处理是可以饮用的，所以这个变化非常大，能达到这样一个效果，确实也很不容易。

汾河上游的一些市、县（市、区）实际上是作出了一些牺牲，也作出了贡献。省里相关部门也做了很多工作，在省委、省政府的领导下，特别是省人大、省政协高度关注这个问题，最后才有了这么一个结果。

再说提案起源

说老实话，打我从老家来到太原工作，我就知道太原人吃的水主要是取自于汾河，所以汾河水的问题其实我个人还是比较关注的。那个时候我只是一名普通的老师，从个人的角度站在太原市民的立场进行关注。我先后做了人大代表、政协委员以后，就有了参政议政、履职尽责这样一种使命感，从个人就上升到了一个更高的层面了。

原来只是想到它是一个问题，具体这个问题怎么解决，没有更多地去思考。那么作为政协委员在提出提案的同时，我们就要针对这个问题如何解决提出自己的想法和建议。

当时是 2012 年左右，我还在晋城工作，在晋城市政府任副市长。梁美生教授和我都是民盟成员，她有一次去晋城做课题调研，去企业、工厂了解污水处理的情况，当时的课题就涉及污水治理和污水净化。她当时到我办公室找我，在聊天过程中我对她说，其实对于我们山西来说，污水的处理、治理，最应该关注的可能就是汾河，我们应该想办法把进入汾河的水进行严格地处理，确保汾河水干净。最早在那个时候我们就讨论这个问题了。

其实对于环境污染的治理问题，我们国家的关注程度，它也是有一个过程的。改革开放初期，全社会普遍关注的都是经济发展的速度问题、经济发展的质量问题，而忽略了对环境保护的考虑。很长一段时间，我们都强调“发展是硬道理”，经济高速发展过程中，必然会对环境造成影响，在全世界各个国家都是一样的。

西方国家工业发展得早，他们对环境污染的认识就比我们早，我们经济发展得晚，所以对环境污染的认识也比他们晚一些，但是实际上大家都一样，经济发展尤其是经济高速发展，必然会对环境造成一些影响。我们一开始的时候肯定是关注不到环境问题的，也顾及不到。

所以从我和梁美生教授第一次讨论这个问题，到最后把这个问题作为政协委员的提案提出来，也是经历了一个过程的。特别是近年来，在习近平总书记提出“绿水青山就是金山银山”的理念以后，我们国家上至党中央，下到我们各级地方党委政府，对环境问题开始高度重视。正是因为有了这样一个大背景，我们这个提案提出来以后，才会得到很好的回应，受到了各级党委政府的高度重视。

深入源头、涉险取样，只为寻求真相

民盟山西省委会，具体到我和梁美生教授的团队，我们对汾河污染的调查，重点关注了汾河上游，主要的原因是什么呢？

其一，确认污染的来源。如果上游已经污染了，那么中游、下游必然受到污染。

其二，太原市的饮用水很大一部分来自汾河，所以针对太原市人民的饮用水，搞清楚上游的水源状况，对我们太原市几百万人口意义重大。

其三，从我们调查的顺序来看，分段调查比较可行，首先要从上游开始。

所以我们一开始就考虑汾河上游，主要是基于这样三个原因。当然作为民盟山西省委会来说，我们对汾河全流域都是要关注的，但是我们的力量也是有限的，时间和精力也不够，所以当时的重点只能放在上游。

调查是从 2016 年开始的。我记得当时是沿着汾河源头开始一直走。最早在宁武那个地方，水看着就很清，喝着也很甜，汾河源头的水是可以直接打上来喝的，不需要经过处理，也不需要烧开就能直接饮用，不会对身体有不好的影响。从宁武流到静乐，河水就有污染了，但是不太严重，到河里去洗一洗、游一游也还是可以的。但是到了岚河段，我们就感觉到水很脏了。所以我们重点对岚河段开始了调查。

当时我们发现，在岚河段把废水排入河流的污染源有很多个，比如有煤矿产生的废水排入汾河，当时还发现有一个洗衣厂，这个洗衣厂里洗的都是宾馆的被褥、毛巾，一些工厂企业的工作服，甚至还包括医院的床上用品，还有养猪场等将污染物排入汾河。

检测报告

报告编号：蓝源成环监（普）字（2017）第395号　　　　第1页　共2页

检测项目	检测依据	检出限	检测仪器	设备编号
铜	火焰原子吸收分光光度法 GB 7475-87	0.05 mg/L	原子吸收光谱仪 ICE3500	LYCFX-01
锌	火焰原子吸收分光光度法 GB 7475-87	0.02 mg/L	原子吸收光谱仪 ICE3500	LYCFX-01
镉	火焰原子吸收分光光度法 GB 7475-87	0.05 mg/L	原子吸收光谱仪 ICE3500	LYCFX-01
铅	火焰原子吸收分光光度法 GB 7475-87	0.2 mg/L	原子吸收光谱仪 ICE3500	LYCFX-01
氰化物	容量法和分光光度法 HJ 503-2009	0.004 mg/L	可见分光光度计 V-5600（PC）	LYCFX-06
挥发酚	4-氨基安替比林分光光度法 HJ 503-2009	0.0003 mg/L	721分光光度计	LYCFX-56
石油类	红外分光光度法 HJ 637-2012	0.04 mg/L	红外光度测油仪	LYCFX-19
阴离子表面活性剂	亚甲蓝分光光度法 GB 7494-87	0.005 mg/L	721分光光度计	LYCFX-56
硫化物	亚甲基蓝分光光度法 GB/T 16489-1996	0.005 mg/L	721分光光度计	LYCFX-60
硫酸盐	离子色谱法 HJ 84-2016	0.018 mg/L	离子色谱仪 ICS-1100	LYCFX-02
氧化物	离子色谱法 HJ 84-2016	0.007 mg/L	离子色谱仪 ICS-1100	LYCFX-02
硝酸盐氮	离子色谱法 HJ 84-2016	0.016 mg/L	离子色谱仪 ICS-1100	LYCFX-02
铁	火焰原子吸收分光光度法 GB 11911-89	0.03 mg/L	原子吸收光谱仪 ICE3500	LYCFX-01
锰	火焰原子吸收分光光度法 GB 11911-89	0.01 mg/L	原子吸收光谱仪 ICE3500	LYCFX-01

（续表）

检测项目	检测依据	检出限	检测仪器	设备编号
粪大肠菌群	多管发酵法和滤膜法（试行）HJ/T 347-2007	0.05 mg/L	方式压力灭菌器 BXM-30R	LYCDX-54
			超净工作台 SW-CJ-ID	LYCDX-53
			电热恒温培养箱 HPX-9082MBE	LYCDX-36
结论	不作评判			
备注	—			

2017年部分水质检测报告

在岚河这一段，好多企业排污。当时岚河入汾河的水污染严重到什么程度，经过检测都是劣Ⅴ类的水质，既不能饮用，也不能用于一般工业，连浇庄稼地都不行。所以看了以后我们觉得这样的水真的不能喝。在这以后，我家里开始安装净化水的设备，开始尽可能买纯净水喝。

在调查中我们也发现，上游的很多地方也按规定建了污水处理厂，但是并没有起到污水处理的作用。我记得有一次去调研的时候，正好是刚刚下过大雨，下雨以后污水排入污水处理厂，但是污水处理厂的设计有缺陷，它的管道细，处理污水的水池也小，所以整个污水就从污水处理厂溢出来了，水过之处庄稼都死掉了。

污水处理厂的问题，首先是污水处理能力不足。其次，好多时候污水处理厂是不运转的，因为运转要有消耗、要花钱。所以当时的实际情况就是，污水处理厂基本成了摆设，平时也是大门紧闭。

因为最初我们民盟山西省委会，加上梁美生教授团队去调研，都是暗访，没有和当地的政府联系。我们想进去的时候发现进不去，污水处理厂大门紧闭，我们通过门缝看，也站到高处看，可以很明显地发现污水处理厂没有开工运转。很多地方白天大门紧闭，到后半夜才开始排水，所以很多时候要在晚上取水样。

梁美生教授团队是非常专业的，也很敬业。印象比较深的是，当时进不去的地方经常需要爬墙头，都是他们的小伙子主动上，身强力壮的把身材比较瘦小的同志用肩膀扛起来，趴在墙头上往里边看，特别是取水样，只能采取一些特殊的办法才能够进得去，有时候要偷偷爬进去，这个水样才能拿到，所以还是经历了一些困难的。当然大部分的调研还是顺利的，没遇到什么太大的障碍。

后来这样调研了几次以后，我们最终形成了一个报告，向省委、省政府主要领导报告了这些情况。这之后才开始和地方政府进行对接，对有关情况进行核实。

调研人员以梁美生教授团队为主，一般是 3 至 5 人，加上我，还有民盟山西省委会参政议政部的同志，每次参加调研的人数不超过 10 个。我作为民盟山西省委会的主委，主要是带个头，给大家鼓个劲，具体工作主要是梁美生教授和她的团队做的。民盟山西省委会机关的一些同志也会参与，主要是为了能够通过民盟的渠道，通过政协的途径，把建议、提案，还有一些报告送上去。

从2016年我担任民盟山西省委会主委开始，因为我们确定了汾河景区是我们“六个一”调研课题的一部分，所以汾河景区我们每年都要去。在2018年调研报告形成之前，我们每年会去3次左右，在不同的时间段取水样，每次会持续两三天时间。在这个基础上，我们多次对水样进行检测，最终认定岚河入汾河的水为劣V类水质，属于严重污染级别。

附表5　　2019年1-9月全省国考断面主要污染物浓度同比分析

单位：mg/L

序号	流域	考核地市	所在水体	断面名称	水质类别		氨氮			化学需氧量			总磷			生化需氧量			高锰酸盐指数		
					2019年1-9月	2018年1-9月	2019年1-9月	2018年1-9月	同比	2019年1-9月	2018年1-9月	同比	2019年1-9月	2018年1-9月	同比	2019年1-9月	2018年1-9月	同比	2019年1-9月	2018年1-9月	同比
39	海河	忻州市	桑干河	梵王寺	劣Ⅴ	Ⅳ	2.70	1.03	162.1%	17.8	10.4	71.2%	0.093	0.098	-5.1%	2.5	2.6	-3.8%	4.1	3.1	32.3%
40	海河	忻州市	滹沱河	代县桥	Ⅱ	Ⅱ	0.32	0.27	18.5%	11.1	12.1	-8.3%	0.078	0.068	14.7%	2.2	2.6	-15.4%	2.3	2.0	15.0%
41	海河	忻州市	滹沱河	定襄桥	Ⅴ	劣Ⅴ	1.84	2.08	-11.5%	22.1	18.8	17.6%	0.211	0.337	-37.4%	3.3	6.4	-48.4%	5.3	5.4	-1.9%
42	海河	忻州市	滹沱河	南庄	Ⅱ	Ⅱ	0.28	0.28	0%	9.3	9.8	-5.1%	0.061	0.079	-22.8%	1.8	2.5	-28.0%	2.0	2.3	-13.0%
43	海河	忻州市	牧马河	陈家营	Ⅳ	Ⅳ	0.72	1.27	-43.3%	21.4	24.6	-13.0%	0.170	0.180	-5.6%	2.7	2.4	12.5%	3.8	3.4	11.8%
44	海河	忻州市	清水河	坪上桥	Ⅰ	Ⅱ	0.09	0.07	28.6%	6.9	6.6	4.5%	0.016	0.079	-79.7%	1.0	1.5	-33.3%	0.8	1.5	-46.7%
45	黄河	临汾市	汾河	上平望	劣Ⅴ	劣Ⅴ	2.84	3.46	-17.9%	26.3	24.7	6.5%	0.301	0.320	-5.9%	6.5	5.6	16.1%	6.1	6.2	-1.6%
46	黄河	临汾市	浍河	西曲村	劣Ⅴ	劣Ⅴ	3.70	7.05	-47.5%	33.9	31.8	6.6%	1.019	0.987	3.2%	5.4	7.8	-30.8%	8.0	7.4	8.1%
47	黄河	临汾市	昕水河	黑城村	Ⅴ	Ⅲ	1.90	0.72	163.9%	18.7	12.8	46.1%	0.217	0.143	51.7%	3.8	3.5	8.6%	4.1	3.5	17.1%
48	黄河	吕梁市	岚河	曲立	劣Ⅴ	劣Ⅴ	2.57	2.87	-10.5%	17.6	12.3	43.1%	0.303	0.178	70.2%	4.7	6.1	-23.0%	4.5	3.4	32.4%
49	黄河	吕梁市	文峪河	北峪口	Ⅱ	Ⅱ	0.19	0.12	58.3%	13.1	11.2	17.0%	0.027	0.009	200.0%	2.3	1.6	43.8%	2.3	2.3	0%

2019年，检测数据显示岚河曲立断面水质为劣V类

从调研到求证，再到提案，解决办法是重中之重

那么当地政府知不知道这些情况，背后涉及哪些实际问题呢？

在调研形成报告并提交到省委、省政府之后，我们又去了岚县，见了当时县里的主要领导，他们其实对这些问题是有认识的，他们也知道水污染是一个问题，但是作为地方的主要领导负责同志，他们要考虑本地的经济发展，他们要保证县里的经济数据。

在和他们的座谈过程中，县里领导最关注的一个问题是：怎么在治理污染的同时保障他们整个经济的发展，保障人民群众的生活质量不受影响，所以在这个方面，我们其实是有共识的。

汾河是我们山西的母亲河，但汾河的保护不是靠一个部门、一个地方就能够完成的，它需要在全省形成一种共识，由省委、省政府统一领导，开展系统化的工作，采取一些具体的措施。

由此我们分析，造成当时污染的根本原因：第一，只单纯关注了经济发展的速度；第二，考虑到经济效益这些方面的问题，所以不愿意把钱花在环境保护上面，当然最主要的是当时大家的认识不够；第三，对有关法律法规的执行不够严格。

当时形成提案的思路是这样的。

我们首先要对汾河上游水污染的调研情况尽可能做到客观、真实、具体，不能只靠肉眼的观测和我们的感觉印象，而是要真正通过科学手段检测的结果来说明问题。就是一定要把问题讲明白，讲透彻。

其次，对解决这个问题要提供一些思路。比如我们在建议中提出，汾河上游涉及的几个县，宁武、静乐、岚县，政府要对他们在经济上进行一些补贴。为了保证汾河水质，需要上游关停煤矿、养殖场等，必然在经济上对这些地方和企业的发展造成负面影响，老百姓的生活肯定要受到影响。所以我们认为，省委、省政府也好，涉及的忻州市、吕梁市也好，应该对这些县进行一个补贴，这是其一。其二就是对这些地方建设污水处理厂也要进行支持，不仅要帮助他们建起来，更要帮助他们能够很好地运转起来。而且污水处理厂的设计能力一定要达到标准，要真正让它发挥作用，不能成为摆设。

同时，我们建议采取一些综合性的办法来进行治理。除了工业化的手段，还要用生物手段，比如说在汾河上游多建一些湿地，因为湿地本身就对水体有净化功能。

我们还建议，除了关注工矿企业形成的污染外，一些地面上的污染源也要注意。俗话说“天上下雨地上流”，这很正常。但实际上现在天上下雨的时候，水流经过人们生产生活的地方就会形成污染。比如农田里用的各种药剂、化肥，包括我们生活用水的不当也会形成污染，所以这些也应该引起关注。

我们当时就提出来，不管工业废水也好、生活污水也好，所有的水都必须经过污水处理厂进行处理以后再排放。所以最核心的实际上就是污水处理厂的建设，运转是关键问题。

提到点上，行到实处，水质提升成果显著

在这些方面，我们的提案得到了很好的回应，包括整个的办理结果，作为提案者，我和梁美生教授都是特别满意的。

当时提案提出后，政协的主要领导很重视这个问题，所以很快就把这些意见提交到了有关部门，特别是水利部门和环境保护部门，包括咱们专门管理汾河的部门，就有更多的人参与进来了。

具体到执行层面，我们作为政协委员参与不多。但是督办的效果很快就看到了，污染严重的几个企业很快就关停了，像洗衣厂、几个煤矿很快都关了。然后岚县县委、县政府开始规划建设湿地，污水处理厂也进行了改造升级，所以见效很快。

其实关注这个问题的人很多，尤其省委、省人大、省政府、省政协很重视这个问题，后来对汾河的保护治理工作，在山西开展得轰轰烈烈。这些年汾河的保护工作效果显著，现在可以说做得非常好。

2019 年，汾河入黄河水的水质退出了劣Ⅴ类；2020

年，达到Ⅴ类水标准；2023 年，汾河水已经达到了Ⅲ类水标准，经过处理是可以饮用的。我觉得这是全社会共同努力的结果，我们现在可以这样讲，现在的汾河水大家可以放心喝！

另外，制度方面，从 2022 年开始，我们山西省人大常委会通过了有关汾河保护的条例，这就让我们的汾河保护更加有法可依了。原来就有国家层面的法律，但是并不具体，所以涉及汾河保护，我们山西省的条例更加有效，全省都必须按照这个条例执行。

习近平总书记视察山西的时候，重点强调了对汾河的保护，要让汾河的水清起来，山西的天蓝起来。这些年以来，山西省委、省政府在抓经济高质量发展的过程中，特别重视环境保护和治理。所以，我们现在都能感受到河水更清了，天更蓝了，我们整个的生存环境得到了非常大的改善。

见微知著，把建议推广到全国政协

我记得应该是 2019 年，在全国政协会议上，我提出了《加强全国中小河流源头污染治理的建议》。因为在全国政协这个层面，就不能只关注汾河了，而是针对全国所有和汾河类似的这些中小河流。

2019 年，王维平（前左）参加全国政协会议

后来有一天接到电话，通知我去北京参加全国政协重点提案督办会议。因为每年全国政协有差不多五六十个重点提案，我当时想我的提案只是其中的一个重点提案，那么这个重点提案督办会议应该是就所有的重点提案都进行督办，类似于重点提案督办的一个通报会，所以我就想着去听一听，一个人就去了。结果我去了北京以后发现，这次重点提案督办只督办我们这一个提案，而且第一个让我发言，让我介绍整个提案的情况，我一下子就有点蒙了。全国政协通知了和这个提案有关的 8 个部委，包括北京市的有关部门，现场很多都是级别比较高的领导，结果我第一个发言。

后来整整开了一上午的会，研究如何落实这个提案，这个情况完全出乎我的意料。因为我并没有做什么准备，如果提前知道就讨论我们这一个提案的话，我应该叫上梁美生教授一起去，因为她更专业，她在这方面是专家。那也是我人生中一个很特殊的经历。

关于河流治理的意识和理念问题

关于天然湿地和人工河道，我认为要辩证地看待二者的关系，我不提倡过度进行人工河道的改造建设。因为河流它本来就是自然形成的，它天然有一种自我净化的功能。我们在对天然河道进行改造的时候，有些是改造好了，有些改造的效果不一定好，不能过度改造。

河道本身通过水草、微生物等，能够天然地把净化作用发挥到最大，它是一种自然的过程。如果都进行改造了，河道里全部用水泥铺了，隔一段就弄一个橡胶拦水坝，让河道里边没草了，也没有微生物了，甚至连泥土、沙石都没有了，河道就丧失了它自我净化的功能。

我们用水泥改造河道主要是为了治理方便，再一个就是出于防洪的考虑，可能洪水来了以后，水泥堤坝的防护会更加坚固。但其实首先是破坏了它的自然生态，丧失了其自我净化的功能；再一个也破坏了河道天然的美感，我们现在生活在水泥丛林中，能感受到这并不美观。

所以我觉得对河道的治理修复，要尽可能尊重自然生态，尽可能保护河道本身的状态，让水生物的作用更好地发挥，而不是仅仅从治理的便捷性角度考虑。

当然最近几年能看到我们在湿地建设方面已经有了很大的改进，比如说长治的湿地，漳河水库周边的湿地建设，就是水泥用得很少，水草很多，灌木很多，我觉得这个就是治理理念上的巨大进步。

汾河是我们山西的母亲河，汾河是我们大家的，汾河流经我们山西的大部分地市，所以汾河保护也好，治理也好，肯定不可能是一个部门、一个地区就能够解决的，需要上下联动，需要社会的共同行动。

其实这几年汾河治理能够取得这么大的成绩，正是因为省委、省政府把这项工作紧紧抓在了手上，特别是落实习近平总书记对山西工作的重要讲话重要指示精神。大家也知道，习近平总书记来山西的时候是专门去看过汾河的，对汾河的保护治理提出了具体的指示，要让汾河的水更清。

汾河水现在干净了，能放心喝了。我们作为太原市的市民是最大的、最直接的受益者。我觉得任何一条河流的保护，最主要的还是靠生活在河流两岸的人民，大家来共同发挥作用，把汾河保护好。目前来看这种保护意识还不强，比如我们在考察调研的过程中，有些河段周边的老百姓就有这种保护意识，但个别地方的老百姓缺乏对河流的保护意识，甚至存在往河里倾倒垃圾、倾倒污水的情况。所以我觉得人民群众在环境保护的意识提升上，还有待进一步加强。

关于环境保护和治理，一直以来都有两种观点。一种是重经济、轻污染，说得更直白一点就是先污染后治理；另一种就是不能够以环境污染作为经济发展的代价。从我们国家的实际情况来讲，因为发展经济，所以走了先污染的路。尤其像我们山西，我们是国家的重化工工业基地，发展重化工，按以前的技术不污染环境是不可能发展的。

现在的技术有了很大进步，我们通过技术的手段，可以把发展工业对环境造成的污染控制在比较低的水平，但是这个矛盾一直存在。从近些年来讲，从中央到地方，这种发展观念已经转变过来，就是明确了不能以牺牲环境为代价来发展经济。

所以在环境保护方面大家有目共睹，也有了深切的感受。我们的环境越来越好，但是我们的经济也没受到太大的影响。导致经济放缓更主要的可能是别的原因，而不是因为考虑环境治理而影响了经济发展的速度。

政协工作影响了我的人生观

民盟作为民主党派参政议政，我们采取的是一种上下联动的策略。民盟中央要和我们民盟山西省委会进行联动，而我们民盟山西省委会要和各地方委员会、高校委员会等一些基层组织进行联动，所以我和梁美生教授的合作也是上下联动机制所产生的结果。

政协是我们国家政治体制中很重要的一个组成部分。政协就是各党派、各人民团体、各阶层的一个联合体，也是我们八大民主党派参政议政的一个最重要的平台，是我们民主党派发挥作用的重要途径，政协的优势就在于更有力地团结了全国人民。

民盟是参政党，我既是民盟山西省委会主委，同时也是政协委员、政协常委，这种双重身份实际上是一体的，因为民主党派就是要通过政协这个平台来发挥作用，所以相互之间是一种相辅相成的关系。

2022年，王维平提出的提案荣获全国政协“优秀提案”奖

从个人来说，可以这样讲，我本来是一名教师，是做学问的，接受的是中国传统知识分子的教育，就是“两耳不闻窗外事，一心只读圣贤书”，所以我在年轻的时候对政治不怎么关注，偶尔关注也仅仅是一些表面上的问题，不具有建设性的思考。

做了政协委员以后，和以前的关注就不一样了，我要发现问题，考虑问题的解决方式，并提出自己的建议，而且要让它更具有建设性。和以前作为一个普通的知识分子关注一些社会问题是不一样的。

我之所以坚持关注汾河水生态治理，最主要的一点就是我作为政协委员有一种责任感，觉得自己应该去关注这样一个问题，这是我分内的事情。

山西的水不多，虽然我们号称“华北水塔”，这个称号更多的是因为我们的地势高，而不是因为我们的水多。本身山西省的年降雨量就很少，虽然这几年有所增长，但我们还是相对缺水，所以水对山西而言是非常珍贵的。所以，我们一定要保护水、爱护水，不能够让我们的水受到污染，否则就会愧对我们的子孙后代。

要钻研技术，更要发现问题，让汾河流域水生态持续健康发展

梁美生

我在环境工程领域工作了30多年，有幸在我省的水质改善以及大气污染的治理等方面贡献力量，可以通过不断开展研究、提出建议，直到最后看到政策落地、改变发生，我感到非常高兴。让汾河水量丰起来、水质好起来、风光美起来——这对于我们科研从业者来说，也是内心最大的期望。我们希望靠自己对技术的不断钻研，始终保持向上的劲头，为了汾河流域水生态持续健康发展，贡献更多的力量。

梁美生，第十二届、第十三届山西省政协委员；太原理工大

学环境科学与工程学院教授；第十二届中国民主同盟中央委员会委员。2017 年，梁美生带领科研团队深入汾河上游岚河段采集水样，寻找污染源，揭开了汾河源头水污染治理的序幕。2019 年，在省政协十二届二次会议上，梁美生提出了《加强山西省河流源头污染治理的建议》的提案，持续关注汾河水源地污染问题，为保护母亲河提出更多的可行性建议。

30 年钻研环境科学工程

我本科和硕士都就读于太原理工大学，1992 年 7 月毕业之后，入职太原理工大学环境科学与工程学院，开始了正式的教学和科研生涯，至今已经 30 多年。我曾经担任环境科学与工程学院环境工程系的系主任，因此，我的工作与环境工程领域密不可分。尤其是近几年，我在学校担任环境工程专业负责人，同时也是大气污染识别与治理团队的负责人。

我能够与政协的同志合作开展工作，与我的专业密不可分。因此，我在相关领域提出的提案也更多地与环境领域相关。我对环境工程领域的水污染控制、大气污染控制、固体废弃物处理与处置都非常熟悉。我个人的重点研究领域主要集中于大气污染控制方面的污染物治理，例如脱硫脱硝、水污染治理方面的再生水利用以及污水处理厂的监测运行等。

我于2017年由民盟山西省委会推荐进入省政协，从2018年1月开始正式担任第十二届省政协委员。虽然当时我属于民主党派界别推荐人员，但是由于专业关系，我在人口资源环境委员会开展相关工作，从事的委员会工作一直与人口资源环境密切相关。

第一次参加省政协会议时，我看到众多来自各行各业的优秀人才、各领域的专家进入政协，他们的名字都如雷贯耳，我感到非常震撼。特别是当我听到上一届提案的相关总结后，感受到他们的参政议政能力很强。作为大学教授和环境工程专业人士，我肩上的责任也更重了。我告诉自己，要利用专业知识，把政协工作做好，积极开展调研，提出有参考价值的提案。

2023年，我有幸成为第十三届省政协委员。当时公布名单时我非常惊讶，最初民盟山西省委会通知我参加省政协会议，但最后发现我这次不在党派界别，而是进入了环境资源界别。环境资源界别是全国政协新设立的界别，我很荣幸作为专业人士进入这个界别，这也是我第二次进入政协的队伍。通过省政协平台，我开阔了眼界，并与许多专业领域的优秀同行交流，使我的学术水平得到了很大提升。

我从事环境工程领域工作已有30多年，同时我在省政协已经担任两届政协委员，我一直处于学习的状态中。自从我参加政协工作以来，所有提案和相关调研工作一直与我的专业密切相关。在上一届履职中，提案主要以环境类为主，包括水污染控制、大气污染控制和土壤治理。除此之外，还有与我高校教师身份相关的提案内容，例如研究生培养、高校专业设置等方面。

衡量汾河水生态的好坏有哪些重要指标？

在环境科学领域，有很多指标可以衡量水生态的好坏。例如生境（生态环境）如何、浮游动植物的数量等。除此之外，还有一些理化指标，例如我们经常提到的水质指标，如化学需氧量（COD）、生化需氧量（BOD）、氨氮、总氮和总磷等。此外，还有一些水文地质指标，例如水量大小和水位情况。我认为这里面水质指标是非常关键的，例如化学需氧量（COD）、生化需氧量（BOD）、总氮、总磷等，这些对水质的影响非常大。

我们经常实地调研、采集水样，将水样带回实验室分析，因此，我们可以清楚地了解当前的水质状况。

说到源头水质，也有相应的标准。我国对源头水有相关政策规定，山西省也有相关规定。理论上，源头水的水质一定会执行最严格的标准，因为它与饮用水密切相关，尤其汾河上游紧挨汾河水库，所以也作为饮用水的水源地。在这种情况下，它执行的标准就比较严格。从汾河源头水的水质提升来看，可以明显看到周边已无工业污染源和农业污染源。源头水进入水库之前，水质基本上都要达到地表水的Ⅲ类标准以上。

关于汾河水质情况，我们通常从三个方面进行分析。

一是生态方面的指标，例如浮游动植物的数量、种群等；二是水质方面的指标，如我们经常提到的化学需氧量（COD）、生化需氧量（BOD）、总氮和总磷等指标；三是水文方面的指标，例如水量大小、水位等。

地表水水质标准如何划分？

目前我国地表水的水质分为Ⅰ类、Ⅱ类、Ⅲ类、Ⅳ类、Ⅴ类，更差的还有劣Ⅴ类水质标准。近 10 年来，山西省在汾河流域的污染治理方面做了很多工作，水质标准也在逐步提升。

地表水环境质量标准基本项目标准限值　　单位：mg/L

序号	标准值　分类 项目		Ⅰ类	Ⅱ类	Ⅲ类	Ⅳ类	Ⅴ类
1	水温（℃）		人为造成的环境水温变化应限制在： 周平均最大温升≤1 周平均最大温降≤2				
2	pH 值（无量纲）		6~9				
3	溶解氧	≥	饱和率 90% （或 7.5）	6	5	3	2
4	高锰酸盐指数	≤	2	4	6	10	15
5	化学需氧量（COD）	≤	15	15	20	30	40

（续表）

序号	标准值 分类 / 项目	Ⅰ类	Ⅱ类	Ⅲ类	Ⅳ类	Ⅴ类
6	五日生化需氧量（BOD_5）≤	3	3	4	6	10
7	氨氮（NH_3-N） ≤	0.15	0.5	1.0	1.5	2.0
8	总磷（以P计） ≤	0.02（湖、库0.01）	0.1（湖、库0.025）	0.2（湖、库0.05）	0.3（湖、库0.1）	0.4（湖、库0.2）
9	总氮（湖、库，以N计）≤	0.2	0.5	1.0	1.5	2.0

作为专家学者，我们经常到汾河流域采集水样，尤其是涉及工业污染物的分析，要到工业污水的排放口以及生活污水处理厂的进出口进行采样。

在这个过程中，我发现了很多问题。2015 年最初采样时，我们发现从污水处理厂出来的水不仅从颜色看不如现在好，有时候还会闻到各种气味。当时水质状况非常差，虽然我们执行了相关标准，但是并没有现在这么严格，人们从感官上就能看到水质不好。

现在我们也会经常下去采样，可以发现水质已经明显改善。有时人们看到从污水处理厂流出的水，可能会问这是不是自来水，因为已经分辨不出来了。其实它并不是自来水，只是经过处理达到排放标准以后排出的污水。

近两年，山西省的河流水质有了明显改善，尤其是各流域入汾口的水质，已经达到地表水Ⅳ类以上标准。

如今的汾河水和 10 年前相比有什么变化？

因为我是环境工程专业的教师，所以我更关心水质的变化。10 年前，我们经常看到汾河太原段的水质很差，并且有各种味道，鱼类也很少。经过这些年的治理后我们看到，尤其汾河中段流域景观的水质变化非常显著。经常有人到汾河边跑步、散步、骑行等，明显感觉水质比 10 年前好很多。

我们更多地从科学角度分析，例如从汾河水的生化需氧量（BOD）、化学需氧量（COD）以及浮游动植物的数量分析，水质确实发生了很大变化。

汾河流域分为上游、中游和下游。上游靠近汾河源头，有水库，因此不同的分段执行的水质标准或者入汾口执行的地表水标准不同。尤其是在源头，例如上游的岚河是汾河的支流，汾河又是黄河的支流，因此在这种情况下，靠近源头的是汾河水库二库，执行的水质标准是地表水的Ⅲ类标准。

大概 10 年前我们去看的时候，即使是源头的水质，尤其曲立断面，也就是岚河入汾口都是劣Ⅴ类水质，不能饮用。因为要达到饮用水的标准，至少需要执行Ⅲ类地表水的水质标准，才能符合饮用水的要求。

这里要提到生态基流、国考断面和曲立断面的概念。

这几个概念是我们在水质监测方面经常提到的概念。生态基流是为了保证流域水保持自体净化能力所需的最小流量，也是维持流域水生态平衡需要的最小流量。如果实际流量远大于生态基流，那么它就能够维持流域水自净的能力和生态平衡，因此称为生态基流。

国考断面是国家对整个流域在不同位置设置监测点，对流域水质情况进行监测。如果国考断面达标，就意味着整个流域能够维持正常水生态，因此称为国考断面。

刚才提到的曲立断面是我们的国考断面之一，汾河有很多国考断面，曲立断面是岚河入汾河的一个断面的名称。

提案起源

由于同是民盟盟员，我与王维平主委已经认识很多年，并且是非常好的朋友。王维平主委在晋城市担任副市长时，我是太原理工大学的教师。他经常参与我们的相关科研项目，我们也会在与民盟太原理工大学委员会开展相关活动时进行互动。在这些活动中，王维平主委以及民盟山西省委会给予了我很多支持。

我作为民盟中央委员，有幸与王维平主委有过交集，他是第十二届民盟中央常委。我们在民盟中央任职的过程中经常进行相关话题的探讨。

在 2016 年民盟山西省委会换届之后，我们正式开展汾河流域污染调查课题，我与王维平主委的交集更多。当时民盟山西省委会确立了 6 个重点调研课题，其中 1 个重点调研课题是关于汾河流域污染的调查。他知道我是环境领域的专家，理所当然让我和我的团队承担调研任务。

接到王维平主委的任务后，我进行了大量研究和调研。当时我的许多学生在太原市环境监测中心站或者山西省生态环境厅工作，他们帮我调取了汾河流域上游、中游、下游的相关数据。原本靠直觉我还在想，汾河流域的水有可能都达标，然而在调研了很多数据后，我才意识到，竟然连入汾口的断面都不达标，当时让我感到非常震惊。

后来我决定开展调研，搞清楚究竟为何会造成如此严重的污染。于是我和民盟山西省委会主委王维平，参政议政部的刘振海部长、闫淑梅副部长以及我的团队 4 位老师、六七位研究生，一起开始了汾河流域前线的调研工作。为了做这个课题调研，我们总共去了七八次。

岚河调研，触目惊心

因为当时我们希望以专家学者的身份进行调研，我们也想获取到最真实的数据，因此一开始并没有联系当地政府。但这个过程困难重重，因为如果没有当地政府或者环保部门的配合，许多排污口我们是无法找到的。

在这种情况下，我们联系了岚县政府，当时正好有一个办公室的同志是我们民盟的成员，他和我们一起，同时也联系了岚县环保局、环境监测站的同志一起陪同我们调研。

即便如此，我们在调研过程中还是感受到了很大阻力。最初各个厂矿都不允许我们进入现场，都会问“你们是从哪来的，来这里做什么”。我告诉他们我是一位高校教师，正在做一个相关课题，希望获取数据为课题服务。他们很紧张地问：“你们是不是来罚款的？如果是跟环保局的人来的，肯定会罚款。”他们不让我们进去，说要先通知相关领导。既然是这样，我们知道肯定不会得到真实的数据，他们要先通知领导，肯定会想办法来做一些应对工作。

在调研过程中，我们去了一个大型厂矿，这里相关的水处理设施都很完备，但是我们不确定它是否在正常运行。进去后，我们发现出水口的水质与自来水的水质相同，没有污染。如果水质真的这么好，我们就没有调研的意义了。

于是我们继续仔细察看。当来到相关工艺的上游调研时，忽然发现水质很差。原来为了不让我们看出问题，他们立刻引来自来水，把污水稀释了以后排放，直接就变成清水了。我觉得这确实太严重了。这是我们第一次去大型厂矿调研的情况。

后来我们想，大厂都是如此，那小作坊是不是会更差。我就带领学生去附近调查，结果发现旁边有一个屠宰场。我询问当地村民屠宰场的生产能力，他们表示每年至少要出 1 万头猪。当时正好赶上下雨，从屠宰场排出来的水都是黄色，并且非常臭，我一看就知道这肯定没有污水处理设施。我们和环保局、监测站的人刚准备走，屠宰场的人就把门关上了，并且告诉我们不能来了，厂子早就不开了，已经关掉了。当时我们非常尴尬。

之后我们继续走访，发现有一个地方流出的水带有很多泡沫，往远处一看有个洗衣厂。到洗衣厂一看，到处都是泡沫，连排水的管道都没有，整个地上都是水，直接渗到了河里。当时我看到这些情况感到触目惊心，上游都是这样，由此判断汾河的水质不可能好。

为了获取到真实数据，我和团队以及民盟山西省委会的同仁，一起进行了第二次水样采集。我带领了三四名研究生，去洗衣厂、屠宰场以及大型厂矿采集水样。当时环保局只关注排污口，我们会观察到周边的污水，例如旁边有黄色的水或者带泡沫的水，我们就赶紧采样。有一次沿着岚河边走时，忽然发现旁边冒出来一股污水，我们都不知道这是哪里的水，所以赶紧采样。结果后来才知道，那里很多小区的污水全都直排到河里了。

梁美生（左）与调研团队在岚河段采集水样

我们采集完毕后，回到太原进行检测。有些是自己在实验室检测，有些是拿到专门的机构进行检测，最后的结果显示水质很差。虽然这是大家饮水的源头，但是很多污水并没有进入管网，直接就排入了河道。经过前后几次调研，我们意识到了河水污染的原因是源头遭受了污染。

源头的这些大型厂矿和污水处理厂，当时都没有达标。我们前后去了三四次污水处理厂，每次去都不让查看且没有数据，记录上面所有的数据都是 0。还有一次去了以后对方直接说：“我们的污水处理厂不接待你们参观。”所以根本拿不到真实的数据。

即便如此，我们还是想办法自行采集到了水样，得到了真实数据。比如污水处理厂，我们会针对某一个工段，在入口和出口分别进行采集，通过对比，观察其中的工艺是否达到处理标准。实际情况就是大多数设备并没有运行，基本处于停滞状态。

调研中除了向当地环保部门的人员了解情况外，还与岚县当地村民、厂矿里的工人或者领导进行了深入交流，也发现了不少问题。

例如，除了各个大型厂矿的工业污染，农业面也造成了水源污染。例如化肥的使用量每年非常大，而且大水漫灌，随意排放，加剧了水污染。在饮用水源头是不可以这样做的，洗衣厂和屠宰场更是不允许在水源涵养地设立。

同时发现，虽然当时有关于饮用水水源地的相关法律法规，但是实际上监管并不到位。其中最主要的原因是人手不够和技术支撑不足。我们了解到当地的环境监测站，他们每年例行的监测任务都是请外面的人或者第三方完成的，根本没有专业的技术人员监控这些情况，例如检查排污口是否有漏排等，工作人员都不具备这样的能力。

关于汾河水质的标准，不同的河段执行不同的标准。岚河作为源头水，并且很快到达汾河二库，是饮用水的水源地，所以必须执行Ⅱ类水质标准。如果低于Ⅲ类水质就不适合作为饮用水，Ⅲ类以上的水可以作为饮用水。

那么，当时岚河入汾河水污染严重到什么程度呢？我们采集样本检测后发现，曲立断面是劣Ⅴ类水质标准，受污染非常严重。因为劣Ⅴ类水的化学需氧量（COD）和潜在重金属是超标的，连灌溉都不能用，更别说饮用了。这就是当时的情况。

提案落地，岚河水“一年一变样”

当我们发现岚河水质如此差的情况时，感到非常震惊。我们想提出切实可行的建议，以促进汾河流域上游水污染的治理。

当时写提案时我非常纠结，作为专业人员，一方面我担心写得太过犀利，当地政府会说你这个教授净说我们的“坏话”；另一方面，如果提案内容过于笼统，又会失去它的参考价值。当时我非常犹豫，经过深思熟虑，我删除了一些比较犀利的内容。在保证政府认可这些数据可靠性的同时，不会觉得我在“抹黑”他们。因此我是以专家学者的身份，实事求是地撰写这个提案。

在改进办法的建议方面，我提出从两方面建议。

首先，在源头不允许设立大型屠宰场和洗衣厂等工业污染机构，因为源头应该执行山西省饮用水水源地的法律法规和条例，所以这种情况要坚决杜绝。其次，大型工业企业如果要排污，就必须严格执行地表水水质标准，达到地表水Ⅲ类水质标准的可以排放。

2018 年，在省政协十二届一次会议上，我和王维平主委联合提出了《关于汾河上游岚河段污染治理的建议》的提案。

2018 年，省政协十二届一次会议间隙，梁美生（左二）与委员们讨论提案

当时这个提案得到了生态环境厅和水利厅的积极回复，许多负责同志都给我打了电话。生态环境厅水生态环境处的人与我沟通，表示：“梁教授，你的提案我们已经看到了，我认为这个提案非常有意义。”于是与我沟通将如何答复，并且商讨具体开展哪些工作，以确保提案的落实。

生态环境厅水生态环境处非常重视我的提案，后期我与他们沟通了很多次。在后期汾河的治理中，我们也明显看到了汾河水质的提升，尤其是岚河，整个水生态环境得到了很大改善。

我查看了生态环境厅的数据，发现岚河在2019年已经退出劣Ⅴ类，在2020年时已经是接近Ⅳ类水质标准，到2021年时已经达到了Ⅲ类水质标准。到2022年时，相关数据已经达到Ⅱ类水质标准，并且在逐步改善。

我从2017年开始参与汾河流域的污染调查，先后去了4次，并且采集了相关水质进行分析。当时我在山西省政协提出了一个关于加强汾河流域源头污染治理的建议，之后王维平主委参与了调研。没想到后来王维平主委作为全国政协委员，还把这个提案作为全国政协的提案提交，并且在全国两会引起了巨大反响。当时的会议有半天都在讨论这一个提案，很多人都在问一个问题：水污染真的如此严重吗？我都感到很惊讶，没想到这个提案能引起全国这么多人的关注。

从近10年看，我们对水环境保护的法治建设也在不断完善。从国家层面来看，有各种水污染防治法，还有10条县级国考断面和省考断面的相关水质标准。对于山西省而言，有汾河流域保护条例，还有各种行动计划和长期规划，这些都有助于整个生态环境中水体的改善。比如今年

（2023 年）山西全省的生态环境大调查中，有一章是关于“一泓清水入黄河”的内容，这对于汾河水质的持续改善非常重要。

在整个调研的过程中，与王维平主委的合作最让我印象深刻。

王维平主委对这个课题非常关注，他多次与我们一起到一线调研。第一次调研的时候，我们去养殖场，他要亲自去看看污水的排放情况。后来我告诉王主委不用去了，他说：“没关系，我要了解真实情况。”在我看来，王主委确实是一个很认真的人，更是民盟山西省委会里“不调研不发言”非常务实的领导。

在提案的最后完成过程中，我主要从专业角度来把控内容。但是在更高层面的把控，尤其是全国政协提案的形成上，王主委付出了很多努力，因为他作为领导，更多地从宏观角度把控提案的准确性，从管理角度来提出问题和解决办法。

2019 年再提案，持续建言水源地治理

2019 年，在省政协十二届二次会议上，我提出了《加强山西省河流源头污染治理的建议》的提案。其实这个提案和 2018 年的提案在内容上有一定的延续性，只是角度不同。2019 年的提案更侧重于加强源头水的污染物治理，因

此，许多数据也沿用了2017年、2018年的调研结果。区别在于2018年我们没有提升到源头水的层面，而是重点关注汾河上游。当时因为上游与汾河水库的水质密切相关，所以侧重于分析汾河上游的水质管控情况。但是后来我们发现，决定汾河水质的好坏，在很大程度上还与水源涵养地相关，所以2019年从源头水治理的角度出发，我提出了更多的意见和建议。

2019年的提案也是在采集了大量源头水样的基础上形成的，因此，比2018年的提案更详细，数据也更加准确。

我们当时看到整个污水处理厂管网都没有建设，包括小区的生活污水都是直接排入岚河，这个水量是非常大的，属于污水直排。在这种情况下，我认为管网建设需要全面覆盖。另外，经过调研发现，农业面源的污染也非常严重，因此也关注了农业面源污染的治理问题。

针对这些问题，我们提出了新的建议。

对于工业污染源，理论上汾河或者中小河流的源头是不允许建立排放口的。如果要建立排放口，那么需要达到地表水水质的Ⅲ类标准。如果不建立排放口，水自用也可以，但是不能直排。

对于农业污染源，我们建议对农村化肥的使用进行监管。每当下雨后，从农田里流出的化肥污水全部流进了河里，这也是造成源头污染非常重要的一个原因，所以要严格控制化肥的使用量。

提案中，我们还对管网建设提出了相关建议。当时岚河的污水管网许多都没有铺设到位，导致污水不能有效处理。因此，我们要求政府必须建立污水管网，将污水收集起来进入污水处理厂，处理达标后再进行排放。同时，建议污水处理厂要保证高质量运行，增加管理人员和专业人员，不能让污水处理厂处于停滞状态。当时可能由于财政或者人力的原因，山西省虽然出台了关于污水处理厂提标改造的政策，但是并没有全部落实到位。

当时环保执法部门的运营也是困难重重。每次调研时环保局或环境监察大队的人员都会和我们一起参与。在调研过程中，我们发现他们的专业人员非常少。我看到在监察大队的楼道里堆放着很多设备，都是当时生态环境厅给下面配备的专业仪器设备，让他们用来定期监控。但这些设备放在楼道根本没有安装，更不用说运行了。我问他们这些设备为什么不用呢？他们说没有专业人员，根本没人会使用这些设备。因此我提到，要加强环保执法部门专业人员队伍的建设和培训，让专业人员去完成专业的事情。

成效显著，连国外友人都称赞的汾河美景

这个提案提出后，生态环境厅的专家、领导对我们的建议还是比较肯定的。他们大概与我沟通了两三次，询问

我对于答复是否满意，也会对于改进措施是否合理征求我们的意见，我认为他们非常重视这些问题。通过后续的关注，也确实证明这个问题逐步得到了解决。

最直观的就是水质改善。岚河流域从 2019 年退出劣Ⅴ类，到 2022 年的Ⅱ类水质标准，这个变化非常明显，包括后来去岚县污水处理厂参观，他们在管网建设上做了很多工作，并且提标改造也落实得很到位，污水处理厂真正运转了起来。我认为这个提案非常有意义。

当地的环境执法部门也通过招聘等办法配备了专业人员进行水质监控，专业的设备都投入了使用。当时我们还建议每月公布污染数据。近年来，生态环境厅在这方面的工作已经有了很大改善。我们可以实时看到重点排放口的污染源监控状况，同时也可以看到重点污染源和国考断面的数据，这是一个非常大的进步。

从个人角度来看，自己在环境工程领域从业这么多年，尤其是看到我们的山水发生如此大的变化，我感到非常高兴。有时我们还会邀请国外友人到山西进行学术交流。前两年我曾邀请了一位来自加拿大的教授进行学术交流，他当时与我们一起参观了太原段汾河流域。他参观后感叹这里非常美丽，说和加拿大的景色一样。能够听到国外友人对我们生态环境的肯定，我感到非常自豪。

湿地是水体的天然净化器

要说到天然湿地对水质的提升作用，咱们山西长治就是一个很好的案例。尤其是漳河湖畔的国家湿地公园，就是一个非常好的天然国家级湿地。湿地对长治水域产生了很大影响，很好地改善了附近河流的水质。

特别是天然湿地确实有这方面的作用。天然湿地中的植物结构能有效去除水中的化学需氧量（COD）、氨氮、总氮和总磷，这个过程不需要人工构建，是自然发生的，因此，对水质的改善作用非常大。

在河流治理过程中，我们经常会修建许多人工河道，这些河道改变了自然水体的流向。在这个过程中，其实自然生态系统已经被潜在地破坏了。原本湿地能够对水质起到净化作用，经过改造后水体流向发生改变，不再经过过滤和植物净化。这样长时间积累，水质就会变差。因为自然水体的河道之间是流通的，通过这部分净化后，水会流到下一段。然而经过人工改道后，水会流向另一个地方，在这个阶段没有得到净化，所以到下一段的时候水质可能就会变差。

许多政府为了城市美观而建设人工河道，这种过度的人工河道就会破坏自然生态系统。因此，在美化和改造的过程中一定要注意适度。

我国在水生态治理的观念方面，正逐渐回归传统和自然。过去，我们更多地采用化学手段来抑制污染物，但是很多发达国家，比如美国、加拿大都是利用自然系统处理污染物，目前我们也正逐步朝这个方向发展。其实和过去主要依赖污水处理厂执行更严格的标准相比，我们发现，利用自然系统，比如天然湿地的作用，对水质的净化更为明显。

在水生态治理上，还有一点就是政府综合治理的必要性。

从前面的指标中看到，衡量水质的指标，包括生态、水文地质和水环境等。从我国的管理部门分工来看，这些指标的管控隶属于不同的部门。例如，水量、水文地质指标属于水利厅管控，水利厅更关心水量是否充足；水环境质量标准则由生态环境厅确定，生态环境厅重点关注的是污染物排放是否达标，属于质量指标。在这种情况下，如果各部门各司其职，各负其责，就可能形成相互掣肘的情况，要实现某个流域水生态的持续改善，是很难的。另外，治理的资金是否到位，资金应该由环保部门出还是水利部门出？财政上如何来分配？这都是不好协调的事情。

所以综合治理尤为重要。我们更希望看到的是各政府部门之间统筹协调，多家合力，需要几个部门之间相互配合，综合长效机制治理，才能实现我们水生态治理工作的长期高效。

政协是通过学习厚积薄发的平台

我认为政协委员的身份给予我的是荣誉，但更多的是责任。进入政协初期，我只是从专业角度提出一些建议，在不断调研和学习的过程中，我的个人能力得到了提升，同时也为我们的科研工作提供了更多与实际问题相结合的机会。

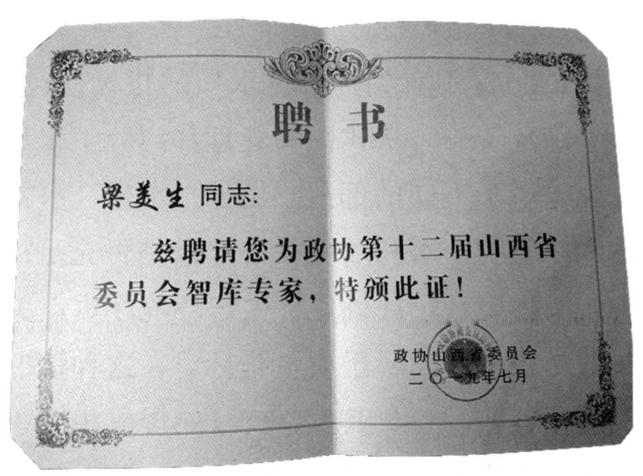
聘书

梁美生同志:

兹聘请您为政协第十二届山西省委员会智库专家，特颁此证！

政协山西省委员会
二〇一九年七月

2019 年，梁美生被聘为政协第十二届山西省委员会智库专家

我们在多次调研过程中发现了许多实际问题，这些问题是我们在做科研时不会考虑到的。政协的各种调研、研讨活动，提升了我和我的团队在学术方面的综合能力。

山西省水利厅总规划师薛金平也是我在省政协的同仁

之一。同时作为第十二届省政协委员，我有幸和他共同参加了人口资源环境委员会的各种活动。2022 年，我们一起参与了黄河流域的各种污染物情况的调研，还一同参与了我省各入汾口和各个断面的情况调研。

2023 年，省政协主席牵头的调研课题是“山西如何融入京津冀协同发展”。我和薛金平总工再次进行了合作。我作为生态环境领域的专家，薛金平总工作为水利专家，他对汾河流域的水文地质和污染情况了解得非常清楚，我们合作撰写了生态环境领域的调研报告。

在这个过程中，我更多地关注大气污染治理和生态环境治理，薛总工更多地关注水文地质和整个流域的污染。本着认真负责的态度，我们从山西的水利、整个流域的生态环境和大气空气质量入手，最终编写了一份生态环境治理的调研报告。

环境保护提质增效，永远在路上

我在环境工程领域工作了 30 多年，有幸在我省的水质改善以及大气污染的治理等方面贡献力量，可以通过不断开展研究、提出建议，直到最后看到政策落地、改变发生，我感到非常高兴。例如，此前我们在研究大气污染方面，当时的脱硫、脱硝催化剂最后能够应用到实际场景中，对于社会来说是非常有意义的事，包括现在的再生水应用，如果能够缓解更多地方水资源匮乏的问题，也是非常值得骄傲的事。

目前，我个人负责带领的团队中有一个“大气污染识别与治理”科研团队，我们的研究对象除了与大气污染治理相关外，还包括水污染治理和固废处理处置，在水环境领域也开展了很多相关工作，例如，再生水利用、城市污水厂和水质监控等，很多相关的科研工作也在进行中。特别是对于再生水的研究利用已经有了成功案例。

梁美生（左）和研发团队的学生在一起

我非常荣幸地参加了太原市可持续发展的专项项目，此次项目规模较大，总投资约 1900 万元，由太原理工大学、清华大学、中国市政工程华北设计研究总院以及天津海水淡化所等几家单位共同完成。这个课题的主要任务是针对我国水资源匮乏，尤其像山西的水资源严重匮乏区域，再生水利用相对薄弱，在未来我们要通过建设再生水管道实现再生水输送，更加高效地利用好再生水资源。

我们的研究重点是将污水处理厂达标排放的水进行再利用。例如，夏天我们城市的绿化、洒水和除尘所需要的水可以通过供热管网输送。尤其是北方的供热管网非常齐全，一年除了 5 个月的供暖季，剩余时间供热管网空置。我们就可以利用这些供热管网作为输送再生水的管网，这样可以节约一大笔费用。

因此，我们在此基础上开展了研究。要用供热管网输送再生水，就必须把污水处理成没有腐蚀性的水，因为供热管网一旦腐蚀，冬季就无法用于供暖。我们研究的重点就是如何改善再生水的水质，既要符合再利用的要求，又要在输送过程中保持供热管网不被腐蚀。

这是一个值得在全国范围内推广的项目，尤其是在北方地区。目前，我们的项目已经结题，并且形成了相关的再生水可利用标准，下一步就是如何实现推广。

目前，我们的晋阳污水处理厂已经开始使用，可以达到 1. 25 万吨再生水处理量，这些再生水已经用作太原市的供热补水、夏天的城市绿化用水以及太钢等企业的补水等。

汾河水生态治理，任重而道远

近 10 年汾河流域的水质有了很大的变化，我们最初在做课题时更多地关注生活污水的处理问题。到现在，生活污水处理厂的处理工艺已经不再是问题，汾河水质也随着工艺的提升快速改善。目前汾河流域的水质已经好了很多，尤其岚河水质已经达到地表水Ⅱ类标准。

从普通人的角度来看，我们需要减少水资源的浪费，从点滴做起。此外，许多人在河道中随意投掷垃圾和污染物，这些都会对水体造成破坏。在环境领域，如果看到有污水偷偷排放到河道的情况，每个人都有责任和义务把问题反映到相关部门。这些就是我们日常生活中力所能及的一些事情。

山西省的水生态持续改善是一件长期的事情，目前仍然存在着很多不足。

当前，山西省的生态基流仍然较为欠缺。有时许多污水处理厂或者工业排放口已经执行了严格标准，但由于生态基流的缺失或者量较少，导致整个水体中的污染物仍然超标。因此，要想真正将河流生态转化为相对较好的水生态，生态基流必不可少。

从山西水生态的长远发展角度来看，环境污染和水生态治理仍要持续加强，同时还需要保证水生态基流，以确保流域水生态的健康发展。

习近平总书记调研山西时曾经提到，要让汾河水量丰起来、水质好起来、风光美起来。这对于我们科研从业者来说，也是每个人最大的期望。因此，我们希望靠自己对技术的不断钻研，始终保持向上的劲头，推动汾河流域水生态保持健康持续的发展。

做政协委员，
就是做老百姓的代言人

李庭凯

> 作为政协委员，我最大的收获就是能真正为老百姓服务。正因为我接触了各种人，听取了大家不同的想法和声音，我愿意把自己当作老百姓的代言人。作为政协委员，把共同的呼声转化成文字性的提案提交给政协，由政协提交给有关部门，督促落实工作。我们普通人很多时候对政府的工作了解不多，作为政协委员，这正是我们的优势。通过这么多年的努力工作，以及对民生问题的持续关注，我对政府的工作更加了解，与老百姓之间的联系更加紧密，在未来要更好地发挥桥梁的作用，继续为老百姓服务，为社会治理作贡献。

李庭凯，第十一届山西省政协委员、第十二届山西省政协常委，农工党山西省委会副主委，山西省中医药研究院副院长。2016年，提出了《针对当前河道治理做法的建议》的提案，《关于进一步推进河流生态治理工程着力构建山水林田湖绿色生态屏障的建议》的综合提案。重点提议遵循自然规律，保护水生态完整，在推动汾河河道的生态治理方面作出了积极贡献。

第一次参加省政协会议，风清气正

我于1981年到太原上大学，1986年大学毕业后，被分配到山西省中医院工作，也就是山西省中医药研究院。至今已有37年，一直在山西省中医院从事中医治疗和教学工作，目前是省中医药研究院的副院长。

除了行政工作以外，我现在（2023年，下同）每周出两次门诊。所以无论有多少其他身份，我始终是一名医生，医生的定位是终生的。我的专业是中医医疗，除了日常的出诊工作外，还参与科研和教学，包括研究生的教育培养等，这些都是与中医药领域相关的工作。

1996年，我加入了中国农工民主党（简称农工党，下同），目前（2023年）是农工党山西省委会副主委。作为民主党派人士，我在2013年被推荐为第十一届山西省政协委员，在2018年担任第十二届山西省政协常委，这期间一直在农工党界别。

2013 年，我第一次参加山西省政协会议，印象还是比较深刻的。

在此之前的每年两会召开期间，普遍的印象就是：交通管制会比较严格，警车开道，还有执勤的队伍。在 2013 年的第十一届省政协一次会议召开时，恰好有一个时间点，就是中共十八大召开不久，会议风气发生了根本性变化。首先，没有警车开道；其次，道路也不再管控，街道上车辆正常通行；最后，没有了鲜花、礼品和相互吃请的情况。我对这一届政协会议印象非常深刻，之前听别人提到两会各种排场都很大，但是在这次会议后，我发现变化是非常大的，这正是中共十八大以后风清气正的体现。

履职关注民生，重点是环保和基层医疗

我的本职工作和个人经历，对后期在政协的履职产生了很大影响。作为医生，我的本职工作是为病人看病，因此会遇到各行各业的人，社会接触面比较广，便于发现问题；就个人而言，我是一个普通老百姓，也来自农村，一直以来对基层和普通老百姓的生活感同身受。因此，在政协工作中，对民生方面的关注较多，尤其是环保和基层医疗。

环保方面，我的提案主要涉及污水治理、河道治理、雾霾治理以及建筑施工的“四法作业”，其中雾霾治理的

提案当时被列为重点提案。

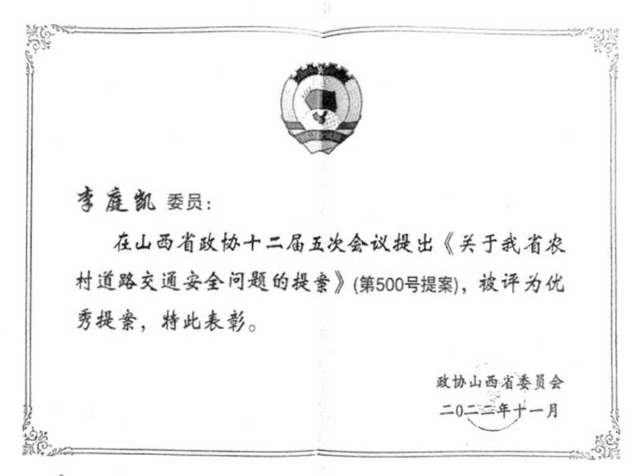

李庭凯 委员：

在山西省政协十二届五次会议提出《关于我省农村道路交通安全问题的提案》(第500号提案)，被评为优秀提案，特此表彰。

政协山西省委员会

二〇二二年十一月

2022 年，李庭凯提出的《关于我省农村道路交通安全问题的提案》被山西省政协评为优秀提案

在基层医疗方面的提案则更多，印象比较深刻的主要有两个。一个是关于建立乡村医生待遇制度的建议。为什么对这块儿比较关注呢？因为我的母亲曾经是一名乡村医生，那时候叫“赤脚医生”。很多年前，乡村医生的流失非常严重，原因是他们没有编制，只能一边打工一边从事乡村医生的工作，补助非常少，我印象中当时是每个月 300 元。后来在全社会的共同关注下，这方面问题逐渐得到解决。我对基层医疗和乡村医生的关注还是比较多的，到现在，山西的乡村医生待遇有了一定保障，基本上每个月在 1000 元以上。另一个是关于乡村医疗机构设置的提案。这个内容在当时其实并非我一个人提，而是许多提案都提到

了。近年来，我国一直强调“医疗机构强基层”，为什么要强基层？因为一方面，大医院的病人络绎不绝、人满为患；另一方面，社区和乡村医疗机构的利用率不足，老百姓还是对基层医疗机构不放心，认为在医疗技术、人员、设备各个方面与大医院的差距很大。

近几年，在“医疗机构强基层”政策的大力推行下，基层医疗机构的设置和条件有了明显改善，在人员、设备的配置设计上更加合理化，我对此有深刻的感触。

在这么多年的省政协工作中，有一次调研最让我印象深刻。

2022 年，山西省政协有一个“医药产业服务业升级”的课题，作为省政协常委，由我主持负责这个题目的调研。当时我们在省政协副主席李青山的带领下，深入省外云南、贵州的企业，以及省内大同、晋城的企业进行了广泛的调研，并最终形成了调研报告。省政协专门召开了协商会，有一位副省长也参加了会议，我在会上发了言，所以对此印象非常深刻。

跨越 30 年，我亲身经历了汾河的变化

我的老家运城闻喜县是典型的黄土塬地形，而我家那边属于塬地中的半塬地貌，下面是平滩，上面是塬顶，我们的半塬在中间的丘陵地带。平滩和塬顶都有水浇地，平

滩比较平，塬顶更是一马平川，所以都有水。但是半塬位于丘陵地带，非常缺水，所以种植的庄稼大部分都是旱地作物，几乎没有水浇地。

我小时候，在家乡几乎没有看到一年四季都有水的河流。这些河流都是季节性河流，只有下雨的时候才有水，不下雨就断流了。我们小时候家里吃的水都是井水，水井深达十几丈，每家每户都有一口水缸，用辘轳从井里打水，再挑回家倒在水缸里。这是个体力活，家里通常除了成年男性，其他人都挑不了水，所以吃水很不容易。

闻喜县当年有一个造纸厂、一个发电厂，这两个都是污染大户。我印象非常深刻，因为我父亲就在造纸厂工作。我们当地是小麦的主产区，麦秆特别多，而麦秆又是造纸的主要原材料，因此还有许多小型造纸厂，造纸厂排放污水导致污水横流，将许多庄稼地都给污染了。

所以我从小就深刻地感受到水的来之不易，同时对于水污染的危害也是亲身经历，因此在工作以后，特别是做了政协委员之后，对水资源方面的问题关注得非常多。

1981 年，我到太原上大学。每次从闻喜到太原，一路坐火车沿着同蒲线走，那时候的火车非常慢。我记得很清楚，从上午坐上火车，要坐整整一天，直到晚上天黑了才能到太原。因为一路上行车速度很慢，又基本是沿着汾河边走，所以当时看汾河看得很清楚。

当时的印象是汾河里的水量很少，时断时续，很多地方都有断流现象；两岸垃圾成堆，生活垃圾随处可见；沿河有许多排污口，所以看到汾河里的水很不干净。

上大学时我们在双塔街，工作了以后，我的单位位于青年路，都是紧挨着太原的南沙河。当时在我的印象中，南沙河里流的都是来自附近的几个工厂里的废水，没有经过处理直接就排入了南沙河，再由南沙河流入汾河，所以当时的污染非常严重。

还有一点印象比较深刻，就是20年前汾河沿岸的居民很多时候都把生活污水直接排入汾河，导致汾河整个河道的污染非常严重。当年我到全国许多城市出差，发现流经城市的河流很多都被污染了。

但是南北方有个明显的差异，因为南方河道水流量大，所以河流本身的自净能力强，不会污染得那么严重。北方许多河流具有季节性，河流自净能力较差，所以不下雨的时候，河道内就只能看到污水。

经过这些年对汾河的治理，变化是非常明显的。首先，汾河基本没有污水了，水体非常干净；其次，植被的变化非常大，政府在树木绿化等方面做了大量的工作，所以汾河两岸的风光也好起来了，汾河两岸已经成为风景区，包括南沙河也基本是季节性河流了，有污染的工厂都搬迁了，水体没有了污染，现在这些河流的情况都很好。

聊天中引发的提案灵感

我在2016年的第十一届省政协四次会议上提出了《针对当前河道治理做法的建议》的提案。当时是什么样的背景呢?

当时太原市的许多河道正在治理，我们能看到的南沙河等都是在这个时候开始治理的。有一次与几位朋友聊天，有人就提到了河道治理中的两个问题，一个是原来天然的河道被过度改造，包括下面的淤泥也全部被挖走了，第二个是在河道两边用石头垒的护砌过于高。

那么会导致什么问题呢?他们的观点是：首先，光滑的河道不利于水生态的形成；其次，治理的同时要尊重大自然。因为河流不仅仅是人类的，更是属于地球的，除了人之外，还是水生植物、水生动物以及两栖动物的生存环境。比如青蛙在水里产完卵后会跑到岸上，我们把两岸砌得那么高，青蛙去哪里?它们就失去了生存的空间。

基于这两个问题，他们就对我说:“你是政协委员，能不能就这些问题提个建议，写成提案交上去。”我当时表示，因为自己不是这方面的专家，只有通过调研，了解清楚情况，才能做这个提案。因此当时就去了水利设计院。

小心求证，实事求是

为什么去水利设计院呢？是因为当时我在水利设计院有一个同学。我去了以后，和他一起谈论了这个事情。我让他们从专业角度来想一些科学的治理办法。

他就提到，河道治理需要有生态治理的意识和理念，我当时对生态治理这个概念还比较陌生。

第一，河道主要有三种功能：城市的河流排涝、泄洪以及提供饮用水的功能，所以在河道治理时需要考虑综合性。

第二，考虑到河道的自然性，我们应该尽可能保持原来的形态，因为河道的形态是经过亿万年形成的，比如，我们不能将弯曲的河道改成直的，要尽量保持它原有的形态。

第三，河道需要与当地的植被协调，尽可能保留当地原来的植被，并根据水文条件等因素进行调整。

第四，还要考虑到河道治理的经济性，要控制成本。

当时我们主要在太原市内进行了实地调研，例如南沙河、北沙河、九院沙河等地，也到相关的县区进行了了解。调研中我们发现了很多实际问题。当时主要的河道治理方法是“截污+清淤+护砌”为一体的做法。在这个治理过程中就产生了新的问题。

第一个环节是截污。把所有的污水截开，不再进入河道。原来是雨水和污水都流到河道里，当时就提到了“雨污分流”的建议，应该将污水引到污水处理厂，污水处理完成后再排入河道，这是世界通行的做法。

第二个是清淤。清淤能把河道内大量沉积的有害污泥清除，短时间内让河水变清，起到立竿见影的效果。但是把河道整个的污泥全挖掉也是不正确的做法。由此会造成两个主要问题：其一，河底污泥量减少，导致河底比较光滑，泥沙会随着河水流向下游，造成下游无护砌河道的泥沙量加大，严重时会阻塞河道；其二，河底缺少泥沙等的沉积，会使沉水植物无法扎根生长。

第三个是护砌。当时主要有建筑材料加固河道、建筑人工堤坝等，这些人工做法都会对水生动植物的生存环境造成不好的影响。

当时围绕这个提案在我们农工党内部开展了广泛的讨论，大家各自都提了很好的建议，我只是作为一个代言人，将所有人的建议综合了一下，串联起来形成了一个提案。我们主要强调河道治理要以生态修复、自然修复为主，并结合实际情况进行综合治理，只有以自然修复为主，才能实现生态环境的可持续发展。因此，这个提案的核心内容是自然修复和生态修复。

提案核心——自然修复、生态修复

所以，针对这些问题，我在提案中主要提出了几点建议。

河道治理截污工作完成后，应有限清淤，留一部分污泥；护砌不建议高，或者不要建得那么陡。建议采用“生态修复”和“多功能生态包”等构建一个小型生态系统，利用水体的自净能力，通过水生植物清淤；雨污分离工作完成后，采用“生态修复”使河道水长期保持在一个良好的状态，在河道内建立长期稳定的运行机制，这样就不会对原有河道的生态稳定性产生影响。同时还需因地制宜，合理安排，构建适合居民生活的生态环境。

最后，我就把这个提案提交给了省政协。当提案交上去以后，省水利厅很快给了我们答复。水利厅表示提案中提到的建议也正是水利部门一直努力的方向。目前的做法是基本不对自然河道进行处理，而是采取尊重自然性原则。实际上，例如芦苇等水生植物在污泥中生长后能够吸附有害物质，对河水具有天然的自净作用。由于我省地处黄土高原，多数河流泥沙多，淤积严重，会分区段进行不定期清淤，清淤量主要根据防洪标准确定，确保不会影响生态平衡。

关于河道治理，省水利厅表示，山西省有河道管理制度，国家有水法、防洪法和水污染治理法等。他们是在法律法规的指导下进行河道治理的。根据河道级别、防洪保护对象和防洪标准确定河流治导线，根据河道纵坡及来水量等确定堤防形式。城市两岸的护坡以刚性护坡为主，农村则以土性护坡为主。有景观要求的也可修建生态堤防。如果护坡太光滑，泥沙在上游就无法存储，全部沉积到下游。

关于 2016 年的综合提案

2016 年，我曾经参与过一个综合提案——《关于进一步推进河流生态治理工程着力构建山水林田湖绿色生态屏障的建议》。

这个提案的内容主要包括：首先，山西属于黄土高原，水土流失严重，河流治理难度大；其次，河道生态治理修复力度不足；最后，水污染情况严重。此外，还提到了河道两岸的绿化工作做得不够好，存在排污现象。这些提案主要围绕山水、林木、田湖等方面展开，包含水土流失、河道治理和河水污染防治等方面的内容。

在后续的政策和解决办法推进中，山西先后出台了水污染防治法以及河道治理的相关条例。近几年各级政府都在按照这两个文件要求开展工作，治理效果明显。

治理效果显著，青山绿水成为常态

近年来，山西的河道治理改善效果越来越明显。以前的很多河道里有臭水、污水，走到河边都有味道。现在的河道水清了，走到河边没有味道了。同时，山西在近年来颁布了许多湿地保护条例，湿地能使污染物沉淀，并被水生动植物消化吸收和分解。河流两岸已经成为人民群众娱乐、休闲和锻炼的场所。

特别是太原市的城市环境近 20 年发生了很大变化，这一点我深有感触。1981 年我来到太原时，给我的印象是太原一年四季都是灰蒙蒙的，难得看到一个晴天。所以当时我感觉，晴天和白云只能是留在我童年里的记忆，没有想到现在变化这么大，这些年蓝天越来越多了。

汾河原来是劣 V 类水占据了绝大多数。从 2020 年开始，汾河断面基本没有劣 V 类水，汾河源头已经达到 Ⅱ 类标准。作为一个太原人，我走遍了全国各地，我认为太原的气候是最适宜居住的。可以这么说，如果太原的空气质量更好，水更清澈，那么太原就是最宜居的城市。

其实不仅是水资源治理，我们的空气污染治理效果也非常明显。记得我刚到太原时，不管去哪里，地上都是厚厚的煤灰。空气也不好，灰尘满天，尤其是到了春天和秋天，经常有沙尘暴天气。

我记得有一次，一个朋友刚来太原，乘坐公共汽车时，他看到前面有个女孩儿穿着白色衣服，仔细一看，衣服上面全是煤灰。这就是当年大家对太原的印象，煤灰铺天盖地。我们的窗台一天不擦就很脏，穿着皮鞋半天不到，上面就都是土。经过近些年的治理，这些情况基本没有了。

近些年绿色发展的提议越来越多，我发现山西省政府也正在大力实践中，并且做得越来越好。所以我认为对于这些变化，我的提案只是起到了提醒作用，重点还是这么多年来全社会的关注，政府的大力推进，把为老百姓造福的事做好了。

习近平总书记视察山西时，重点关注了汾河的太原段，他对汾河的治理提出三点希望：水量丰起来，水质好起来，风光美起来。通过这些年政府的努力已经基本实现了这一目标，并且仍然朝着老百姓希望的方向一直在努力。蓝天白云，绿水青山，已经成为常态，我们汾河的风光越来越好了。

未来，综合治理和全民治理缺一不可

在未来的汾河治理中，需要进一步化解经济发展和河道治理方面的矛盾，这是我们必须考虑的问题。同时，对于水资源的保护利用，综合治理、全民治理的理念也是非常重要的。

2016 年，我与时任省政协副主席刘滇生对汾河源头进行生态治理专题调研时，我的印象非常深刻。当时的娄烦县委书记向我们介绍，为了保障汾河水库的水质，所有工厂都进行了搬迁，娄烦对汾河水库水质达到Ⅱ类标准作出了突出贡献，作出了巨大牺牲。

后来我们又前往汾河源头的宁武、偏关等地，进行提案督办工作。我们看到当地政府和百姓为河流治理都付出了巨大努力。汾河源头的水质已经达到饮用水标准，劣Ⅴ类水质的历史已经一去不复返了。

近几年，汾河沿岸的生态改善效果非常好，非常直观，这得益于水利部门、环保部门、财政部门的综合施策，河段从上游到下游的联动，是综合治理的结果。

以太原为例，在一个合适的季节，当你沿着汾河往北走，尤其是到上游的湿地区域，你甚至有一种错觉，这不是在山西，而更像在南方某个城市，还有各种各样的水生动物、植物，整个生态气候都让人非常舒适。

水资源保护是全社会的共同责任。首先，节约用水对于北方城市尤为重要，我们每个人都要树立节约用水的观念。其次，在生活中要减少对水体的污染。河流的富营养化与每个人的生活习惯密切相关。例如，使用非环保的洗涤剂可能会破坏水质。因此，我们作为普通民众，每个人尽自己的微薄之力，就能凝聚成一股很大的力量，让水资源得到更好的保护和利用。

太原是宜居宜业的“完美型”城市

我作为一个太原人，之所以非常推荐外地的朋友来太原居住，主要有四个理由。

第一，太原气候宜人。太原是四季分明的城市，冬天不太冷，夏天不太热。我在医院也负责基建工作，按照法规要求-15℃以下不宜施工。有一年冬季施工时，我特意观察了-15℃以下的天气，不超过 10 天。太原的冬天不太冷，家里有暖气。夏天甚至可以不开空调，我基本上一年四季不开空调，偶尔热得厉害时开一次空调，这一年基本就过去了。

第二，太原现在的环境非常好。蓝天白云成为常态，汾河水质清澈了，植被绿化也越来越多。很多外地朋友来了太原之后，都说没想到太原的城市环境如此之好。

第三，太原的城市建设成熟度非常高，交通便利，所有公园免费开放，基本上步行 15 分钟就能找到休闲和锻炼的场所。

第四，山西民风淳朴。

所以，我极力推荐大家到太原来工作、生活。

肩负责任，为民担当

在政协履职过程中，特别是在民生问题的解决方面，我起到的更多是提醒作用，将老百姓关心的问题提交上去，引起政府的注意。虽然许多时候政府已经在这些方面做了工作，但是在实施过程中可能还存在各种问题。我们从普通百姓的角度出发，思考如何做效果更好，对政府在未来的工作中能起到更好的提醒作用。

李庭凯（后中）到基层调研社情民意

在参政议政上，我的出发点有两个方面。首先是情怀，我关注的焦点都和民生息息相关，其次也是一种责任，作为政协委员，我有义务把社情民意和老百姓关心的事情向政府反映。

对于个人的收获，第一，政协平台丰富了我的履历。之前我在医院工作，主要是接触病人，其次是行政管理。进入政协以后，我接触到了社会的更多领域，这对我本身就是一种历练。第二，能站在更高的层面看待问题。因为平台有所不同，所以我每次参加政协会议时，既有大会发言，也有提案，还有社情民意，这对我个人有很大的提升。第三，能真正为老百姓服务。正因为我接触了各种人，听取了大家不同的想法和声音，我愿意把自己当作老百姓的代言人。作为政协委员，把共同的呼声转化成文字性的提案提交给政协，由政协提交给有关部门，督促落实工作，为老百姓服务。

普通人很多时候对政府的工作了解不多，作为政协委员，这正是我们的优势。通过这么多年的努力工作，以及对民生问题的持续关注，我对政府的工作更加了解，与老百姓之间的联系更加紧密，在未来要更好地发挥桥梁和纽带的作用，继续为老百姓服务，为社会治理作贡献。

生态修复必须立足长远，政协平台让我受益匪浅

马　智

人生有两种风景，一种是自然风景，比如我们去名山大川感受世界之大；另一种风景，就是观察别人身上的闪光点，感受到人千变万化的美，同时通过别人认识到自己的不足。在与其他政协委员的讨论、交流、学习过程中，提升了我个人和作为企业负责人的社会责任感。同时，对我看待问题的角度有很好的拓展，使我思考问题更加宏观，特别是以决策者的角度、从更高的站位出发，全盘了解、统筹考虑，从而更好地解决遇到的问题。

马智，第十一届、第十二届、第十三届山西省政协委员，山

西金瓯集团董事长。多年持续关注汾河上游生态环境，在 2013 年的省政协十一届一次会议上，提出《汾河水量持续减少，干流区域生态破坏严重》的提案，为后期的汾河流域生态修复作出了贡献。

省政协工作经历

我于 2013 年 1 月正式担任第十一届山西省政协委员。2018 年、2023 年，我连任第十二届、第十三届省政协委员。作为第十一届和第十二届省政协委员，我都属于科技界别；目前（2023 年），第十三届则是在农业农村界别。

作为民营企业的从业者，我在 2013 年非常荣幸地被推荐为政协委员，对我个人来说还是非常开心的一件事情。当时我们与科技界别的其他政协委员以及省科协、科技厅的工作人员一起参与了许多社会活动，从科技与社会发展相互融合入手，进行了大量的课题调研和社会实践，这非常有意义。

在这些年的履职过程中，委员们在很多领域可以实现交流和互通，这是一个非常好的切入点，也是将本职工作和政协工作结合、服务社会的路径。

在与其他政协委员的讨论、交流、学习过程中，提升了我个人和作为企业负责人的社会责任感。同时，对我看待问题的角度有很好的拓展，思考问题更加宏观，特别是以决策者的角度，从更高的站位出发，全盘了解、统筹考虑，从而更好地解决遇到的问题。从这一点而言，我个人和我的企业都非常受益。

个人工作和政协履职相辅相成

我们企业所从事的领域，包括酒店、工程、投资以及生态修复、生态环境设计等。在生态修复方面，具体的业务包括航测数据的处理和测量、城市规划、土地利用总体规划、土地复垦方案设计、储量核查、地质灾害治理设计以及生态修复设计等。

我们公司拥有 7 个国家甲级资质，业务上重点关注土地复垦板块、生态修复板块以及后期数据处理。其中土地复垦板块涉及的范围很广泛，包括土壤的无害化处理、土地的复垦、土壤重金属污染、有机污染、盐碱化等等，所以土地复垦是一门大的学科。

目前，我经营企业已经超过 22 年。人的精力是有限的，我之所以能坚持这么长时间，首先是因为我对自己的行业非常感兴趣，如果不感兴趣，有可能早已经放弃了。主观上有兴趣，客观上有市场，在生态修复这个领域发展了 22 年，对行业和现状有足够的了解，这也对我在政协履职，特别是对水生态保护的关注和有关提案的提出，起到了一定的帮助和推动作用。

例如在生态修复领域，我的企业拥有国家相关的甲级资质。在从事行业活动的过程中，对整个社会的生态修复，包括修复的科学性、经济性以及长远的社会效益方面，积攒了个人和企业在生态修复领域的行业认可度，可以在政协平台上更好地为社会服务。

持续关注“汾河流域生态破坏”问题

在2013年的省政协十一届一次会议上，我提出了《汾河水量持续减少，干流区域生态破坏严重》的提案。

这个提案主要关注的是汾河流域的生态修复和绿化问题。最早大概在2011年，当时我计划在汾河源头附近投资建造旅游景区，然而在考察过程中发现有很多受到破坏需要治理的区域，成片成片的山体裸露都没有进行绿化治理，在高速公路上就可以看到。这些区域如果可以治理、规划好，长年累月下来，对汾河流域的综合发展是非常有利的。

当时的绿化存在两个问题。首先，耕地无法进行规划；其次，不具备绿化的条件，比如气温和降雨量达不到标准，那么在这些条件下进行绿化，成本高，难以成活，而且生态物种的选择也非常有限。当然有一些地方的绿化先天自然条件是非常好的，尤其是原生态树种，包括樟子松，在这些地方非常适合生长，而且是枝繁叶茂。

作为政协委员，我们当时在周边徒步考察了20多天，早上9点携带干粮进入，下午5点半出来，包括深入到荒无人烟、没有被破坏的地方。过去没有人类活动的地方，它形成的生态系统是非常好的，在华北地区属于精品。然而经过人类活动的，成片成片形成裸露的地方相当多，需要的是长期生态系统的重建。

从客观上讲，结合具体的生态条件，是可以种树的，尤其在山体上，例如樟子松、落叶松，可能在阳坡长得不太好，但是在阴坡就长得非常好，因此是具备绿化的客观条件的。但是从主观上讲，我们必须设计一个绿化和生态修复的长远规划，通过 20 年的努力把将近 200 年历史形成的人为破坏恢复，可以为以后的山西留下非常宝贵的自然遗产。

追本溯源，当立长久之计

这种生态破坏不是近代形成的，而是千百年来形成的历史遗留问题，主要是社会人口的增长导致的。人口增长对生态环境产生的直接压力，首先就是垦荒，砍伐林地来种地。其次是老百姓需要盖房子。在黄土高原有的区域可以挖窑洞，而在石头山区不能挖窑洞，就需要砍树盖房子。这是历史成因，而且历史成因包含客观原因。

所以，人们需要吃饭、耕地，还要建造房屋和牧场，这些都是对生态环境的压力，因此它是历史形成的。这并非仅仅是近些年对生态环境的破坏，而是人地矛盾的压力特别突出造成的，这都是历史客观原因。

从我们山西的治理来看，汾河作为母亲河非常重要，但是生态系统的修复不是一两年的事情，所以这个项目前期的设计架构非常重要。这种大的生态系统修复必须做长远规划，从 10 年、15 年到 20 年，通过数十年的积淀，才能逐渐形成良性的生态系统。其实近几十年我国对生态系统的管控还是到位的，历史上近 100 至 200 年形成的破坏，是历史旧账，需要科学、严谨、合理地根据当地社会经济发展制定长远规划。

其实生态修复并非种树这么简单，生态修复要求形成可以良性循环的生态系统，需要对汾河流域适合城市发展且尚未种植林木的地方进行综合规划。这里有生态系统的搭配，称为健康的生态系统，不仅包括树木树种的搭配，还要形成自然完整的生态系统。首先没有病虫害，其次可以形成良性的自我循环。树种通过自己的落叶和种子播撒，后续不用人管理，自己会形成非常健康的生态系统。

提案反馈

这个提案交上去以后，当时省水利厅组织我们开了一个座谈会来落实具体情况。因为这个事情对山西而言是一件大事，当时相关的政协委员也提到了林业生态修复和水利治理。座谈会上，水利厅感谢了大家的提议，并表示后期治理的举措会逐步落实。这确实是一个宏大的工程，尤其涉及忻州的好几个县，围绕汾河源头的修复工作涉及内容很多，相关资金的整体调配也需要做好，所以需要从省里的宏观整体决策出发，逐步实施。

这是一个大课题，对政府部门而言是逐步落实长远规划，而不是短时间内一年、两年、三年就可以完成的。所以必须从生态系统修复设计入手，除了相关规划，环境自身也需要时间自我修复。这是一个非常重要的课题，需要政府强力推动，科学规划设计。

我在后来多次提到这个问题，生态治理需要持续推进，无论是国家还是地方都非常重视，包括“一泓清水入黄河”工程。汾河作为黄河的重要支流，对于汾河沿岸的治理和环境保护是完全符合国家政策的。经过多年的治理，我们能很直观地看到，汾河的水量非常丰沛，汾河流域生态环境的改善也非常明显。

近 30 年汾河的变化

我 1995 年开始到太原市工作，有一次路过漪汾街，下着大雨，我们在漪汾桥上看到山洪暴发。1996 年夏天下雨，西山的洪水把太原市迎泽西大街全淹了，当时的洪水可能有一米多高。

到现在（2023 年，下同），太原近 30 年的变化相当大，包括汾河景区的建设，城市雨污分离，汾河整个水系的建设，汾河一库、二库的建设等。现在我们对汾河的流量管控和水量分配，各方面管理能力比过去要强很多，包括太原对东山、西山水系的引导和生态修复。

这近30年无论是太原市还是汾河源头，一方面是加大了保护，人为活动的破坏大幅度减少；另一方面是修复工作的加强，从国家到地方政府，逐步完成了很多工作，包括水系规范、水量调配和水质把控，这些工作做得相当不错。

汾河水量减少的原因非常复杂，这是一个重大的课题。我们需要了解现有情况，并通过整体规划和设计逐年解决。我提到的是解决问题的方法，但是问题的成因非常复杂。

首先，汾河的数据如果向前推100年是没有的。其次，我们现在直观地看汾河的水量，汾河一库、二库的水量非常丰沛。最后，气候变化也是重要因素，如果向前推1000年，不同时代降雨量不同导致水流量不同。所以这也是一个复杂的问题。

煤炭开采对水资源的破坏肯定是有的。有一种普遍的说法：挖一吨煤，就会消失一方水。因为挖煤相当于把防水层打破了，水会继续往下走，直到寻找下一个防水层。较高的地下水可以产生泉水和地表径流，深入到地下500米就找不到水了。

虽然大家直观感觉北方的大小河流都有水，但是现在小河基本在干涸，大河成为季节性河流，这是一个普遍性现象。采煤对地下水的破坏是很直接的。

对于湿地和河道的优势与劣势问题，不能进行简单的定义。

天然湿地从自然景观上讲是很好的，但如果与人们居住的地方相邻，蚊虫的大量滋生也会对人类的生活造成影响。如果没有人工干预河道建设，洪水来的时候，就会对两岸造成严重的破坏，甚至威胁到人们的安全，所以并非自然的就一定是好的。为了避免这些情况发生，人类一定会进行人为改造，但这种改造要在一定的合理范围内。

在政协平台受益匪浅

在省政协平台上，无论是在科技界别还是农业农村界别，对我个人而言，最大的感触就是接触优秀人才的概率大幅提升了，认识了许多人，他们都是各行各业的精英。在这个过程中，通过与他们的接触、聊天、学习和相互交流，对自我的提升非常有价值。

人生有两种风景，一种是自然风景，比如我们去名山大川感受世界之大；另一种风景，就是观察别人身上的闪光点，感受到人千变万化的美，同时通过别人认识到自己的不足。

首先，我可以从这个好的平台了解政府在决策过程中的思考和布局；其次，我认识了很多优秀的政协委员，看到他们每个人在各自的领域施展才华，这无疑是一种人生美景。

在这个过程中，我们相互学习、交流，开展分工合作，结下了友谊，得到了成长，因此，政协是一个非常好的平台，在这个平台上我受益匪浅。

以我的体会来看，政协委员的履职要注意两个问题。

第一，政协委员在提建议和提出提案时必须切合实际。每位政协委员在生活中都有不同层面的观察点和社会接触面，在提建议时，应该关注生活中急需解决的事情，并且思考解决问题的办法。

第二，我们不应该把事情都看作单一的问题，比如把一个东西从左边搬到右边就能解决掉，现实中的大部分问题都是复杂问题。所以应该综合考虑每一个问题，要从更宏观的层面把握，通过与政府产生良性互动来解决这些问题。

医疗专题

了解人民愿望，反映百姓诉求，切实做到履职为民

燕美琴

看到很多家庭“因病致贫”的情况，我心里就感到非常难受。看到还有这么多人因为看不起病而陷入困境，就想着一定要为他们做一些力所能及的事情，让这些贫困家庭也可以看得起病，让老百姓可以更方便地看病，希望不再有这样的家庭出现。在省政协的履职过程中，我的出发点始终是维护人民群众的利益，为此也经常深入基层一线，倾听广大群众的意见，了解其愿望，反映其诉求，努力通过自己的发声，为人民群众排忧解难，切实做到履职为民。

燕美琴，第十一届、第十二届山西省政协委员，第十三届山

西省政协常委；山西省儿童医院、山西省妇幼保健院科教科科长；农工党山西省委会常委、农工党山西省妇幼保健院总支主委；博士研究生导师、主任护师；山西省医师协会科研管理委员会常委、中国妇幼保健协会助产专业委员会常委、山西省妇幼保健协会助产专业委员会主任委员。常年关注山西省基层医疗卫生机构发展建设，分别提出《关于推进农村医疗卫生事业发展的提案》《关于提升我省社区卫生服务的提案》，条分缕析，精准建议，有力助推了山西基层医疗卫生事业的改革与进步。

衡量基层医疗条件变化，这些指标至关重要

我是 1987 年毕业以后被分配到山西省儿童医院的，之后一直在临床一线工作了 22 年。2009 年，我们医院新成立了科教科，我担任了第一任科教科主任，在这个岗位上一直工作到现在（2023 年）。科教科的工作主要是科研和教学，还有学科建设，包括我们每个专业的未来发展，导师、研究生的教学管理等。我目前（2023 年）是正高职称，博士生导师，同时担任山西医科大学的国际研究生导师。

社会职务方面，我是中国农工民主党（以下简称农工党）党员、农工党山西省委会常委、山西省妇幼保健院总支主委。同时，我也非常有幸成为山西省政协委员，先后担任第十一届、第十二届省政协委员，第十三届省政协常委。在农工党和省政协的参政议政和履职过程中，我开阔了视野，受益良多，收获满满！

因为我是医疗工作者，长期在临床一线工作，同时也接触科研和临床教学，作为省儿童医院的医生，我们有长期下乡的工作需要，所以也有了更多走基层调研的机会，更清楚地了解我省基层医疗的建设和发展情况。有关基层医疗的提案我总共提了 3 次，此外还提过一些其他的提案，比如说加强中小学体育教学、免费婚前医学检查、关注儿童青少年心理健康等方面。

我认为，只有优化基层医疗卫生资源的配置，才能实现公共卫生服务和基本医疗服务的公平。衡量基层医疗卫生服务条件的改善，主要以每万人口基层医疗卫生机构数、每万人口床位数、每万人口基层医疗卫生机构的卫生人员数、每万人口全科医生数作为卫生人力资源的指标，卫生人员包括卫生技术人员以及村卫生室的乡村医生和卫生员。

党的二十大报告明确指出，推进健康中国的建设，要提高基层防病治病和健康管理的能力。近 10 年来，我国的基层医疗卫生资源总量以较快的速度不断增加，基层每万人口的床位数、卫生人员数和全科医生数都有较大的提升，这主要得益于政府的高度重视，不断加大对基层医疗卫生的投入力度，我省在这方面也做了很多工作。

截至 2022 年底，山西全省新改扩建村卫生室 1.3 万个，为村卫生室采购设备 27.4 万余台，为 654 所乡镇卫生院配齐了 X 光机、生化分析仪和心电图机。乡镇卫生院累计招收医学本科生 3300 多人，村卫生室招收医学中专生 4800 多人，中专以上学历的村医占比达到了 84. 3%，培养住院医师 9800 多人、全科医生 8900 多人，培养基层卫生技术人员 10 万多人次。

同时，全省远程医疗基本实现了全覆盖。二三级医院、乡村卫生院、社区卫生服务中心的分级诊疗信息系统，覆盖率分别达到了 58. 25%和 53. 29%和 72. 49%，这个数据是位居全国前列的。

2016 年，燕美琴参加山西省政协会议

扎根基层发现问题，农村医疗举步维艰

2013 年，我提出了《关于推进农村医疗卫生事业发展的提案》。

当时提案的背景主要有两点：一个是我在工作中接触的老百姓比较多，对他们的就医困境比较了解；第二个就是作为政协委员，我们经常参加对基层的调研，对于当时农村的情况很清楚，“因病致贫”“因病返贫”“看病难看病贵”的问题仍然比较突出，应该成为社会关注并解决的问题。

2013 年，我省有卫生院 1665 个，床位数 33788 张，卫生技术人员 24166 人，诊所、卫生所和医务室总计 7512 个，卫生技术人员 16049 人。农村医疗卫生事业取得了很大进步，但也存在一些明显的问题。

第一是经费问题。农村医疗卫生经费不足，造成医疗机构的补偿机制不健全，“以药养医”的现状依然存在，群众看病难、看病贵，医师在看病用药上没有过多考虑农民的支付承受能力，尤其在县级医疗机构治病费用过大，在治疗过程中存在过度检查、过度用药等情况，农民难以承担医疗费用，更住不起院。

第二是财政对医疗卫生事业经费的投向结构不合理。首先，城镇居民与农村居民享受的基本医疗卫生服务差距

较大，根据测算发现，城镇居民与农村居民人均医疗卫生事业经费的比例大概是 4∶1；其次，经费支出主要是向县级大医院倾斜，而对基层医疗机构的投入不足，许多乡镇卫生院、村卫生室负债经营，设备老化，危房长期无力改造，难以有效满足农民一般医疗需求。

第三是乡镇卫生院的技术力量太过薄弱。据统计，当时（2013 年）没有一所乡（镇）卫生院能开展阑尾炎手术，有的甚至不能开展最简单的清创缝合手术。中高级卫生技术人员缺乏，高层次、高素质人才明显不足，医疗质量难以保证。自乡镇卫生院体制改革后，老专业技术人员提前离开岗位，导致临床医生严重缺乏，再加上由于资金短缺，卫生院无力安排医务人员参加进修或接受再教育，使医务人员失去知识更新的机会，造成知识老化问题突出。

第四是基层卫生院缺乏特色专科，运营上没有竞争力。由于卫生院设备陈旧，技术力量和业务水平一般化，缺乏特色专科，为群众提供服务的项目和手段不能明显优于乡村医生和个体诊所医生，且乡村医生凭借其身居村民之中的“地利”条件和灵活、方便、就医人员少、消耗低、积极性高等特点，使卫生院竞争能力不足，形成“小病找村医，大病送医院”的格局。

第五是卫生院普遍存在管理水平不高的问题。据调查，大部分卫生院院长都是从临床医务人员中选拔出来的，未接受管理知识培训，不熟悉管理工作，经营理念和办法缺乏，难以调动职工积极性。卫生院的管理机制滞后，很难适应新形势的需要，医疗服务运行过程中也存在一定的安全隐患。

第六是长期以来，乡镇卫生院“重医轻防”的现象非常严重。提供公共卫生服务本应是乡镇卫生院工作的重心，但是由于现行体制的原因，使得原本在功能上相互协作、相互配合的县、乡、村三级卫生机构逐渐转为全面竞争的关系。在这种情况下，由于公共卫生服务无法带来明显收益，故被逐渐弱化，导致乡镇卫生院“重医轻防”现象愈演愈烈。作为“夹心层”的乡镇卫生院，在医疗领域，其便利性和服务价格不及村卫生室（所），在服务质量上又难以与城区医院匹敌。

“看病贵”已成拦路虎，写提案为老百姓发声

在农村实地调研过程中，我遇到了很多实际事例，听取了群众的积极反映，后来经过总结，形成了最终的提案内容。在被调研的农村困难家庭中，比较集中的有八大困难：家庭主要劳动力没有工作、子女教育负担重、家庭主要成员没有劳动能力、家庭成员疾病负担重、家庭成员需要长期照料、家庭成员发生意外事故、被长期拖欠工资、遭受重大自然灾害等。

总体来看，没有劳动能力和过重的疾病负担是农村家庭致贫的两大主因。从贫困家庭就医情况看，“费用高、看病贵”成为就医的首要困难；此外，看病手续烦琐、排队难、交通不便也困扰着农村的贫困群体。

当时有一户家庭给我留下了很深的印象。一名烧锅炉的工人，由于单位辞退临时工，所以被裁员。回家后，他由于年龄偏大又患有严重的类风湿，没能找到工作。一家4口人，儿子离异外出不回家，老伴腿部残疾不能劳动，老两口儿独自抚养3岁的孙女。家里日常开销大，有病看不起，无法到大医院接受治疗。病痛难忍时，只有在门口卫生室赊欠医药费，打针用药。村里见他们生活如此窘迫，给他们提供了一些帮助，但家里漏洞实在太大，看病依旧需要花钱，实在难以支撑。还有一个家庭，妻子长期患有妇科疾病，在当地看不了，要定期到大医院去检查，治疗费用很高，子女又在县城上学，学费压力也很大。丈夫既要干农活、干家务，还要陪护他的妻子，加上他自己本身也有身体上的残缺，日常的生活已经非常困难，而且因为到处看病，给家里造成了沉重的债务负担。

所以当时看到这些情况的时候，心里感到非常难受。看到还有这么多人因为看不起病而陷入困境，就想着一定要为他们做一些力所能及的事情，让这些贫困家庭也可以看得起病，让老百姓可以更方便地看病，希望不再有这样的家庭出现。

通过在基层的大量调研工作，我们发现并总结出，当时农村医疗卫生主要存在三方面问题。

一是基层卫生机构医疗卫生人员缺乏。农村医疗卫生水平的落后首先体现在医疗人员的缺乏。在我所调研的乡镇卫生院里，实际在编人数仅有 20 人，其中本科及以上学历 4 人、大专 12 人、中专 4 人。在这里面，执业医师仅占总编制人数的 20%，相当于在这个总人口为 55 万的乡镇，平均 1 个执业医师要服务 11 万的居民。在村卫生室，这种情况更为明显。在走访的两个村卫生室中，都只有 2 个卫生人员，其中助理医师 1 人。我们从中看到了基层卫生人员的急缺程度。

二是基层卫生机构的规模小、设备简陋、药品种类少。乡镇的医疗点规模都很小，大部分诊所的诊疗器械都比较简单，除了最基本的必备器械，如注射器、听诊器、血压表等外，很少看到一些高级的器械。村卫生室的药品种类比较少，我们当时去的那个村卫生室里常用药只有 28 种，其中包括急救药 4 种。

三是因为前两个因素，导致居民对基层卫生机构的卫生人员不信任。多数人选择去卫生院就医的原因是离家较近，而且一般都为感冒等常见疾病，稍微大一点的疾病都会选择去三甲或三甲以上医院就医，他们认为卫生院的医生技术、检查设备、环境条件等都不如县级医院。

通过专业分析，我认为产生这些问题的原因有两点：一是财政医疗卫生事业经费的投向结构不合理，主要是向县级大医院倾斜，而对基层医疗机构的投入不足；二是农村医疗卫生服务人员的人力资源保障制度不健全。

提案的核心观点是：为改善农村医疗卫生服务条件，需要政府高度重视，加大资金投入，使农村医疗卫生工作的基础设施条件和环境逐步得到改善；加强乡村医生队伍建设，大力培养全科医生，完善与他们工作相关的工资待遇、编制、职称评定等规章制度，使他们能够安心于农村医疗卫生服务工作；对农村医疗卫生服务进行长期、持续和有效的宣传，使农村居民认识到农村医疗卫生服务的公益性、便捷性，积极参与到农村医疗卫生服务中去。

提案的具体建议有四方面内容。

第一是要开展基层的卫生健康知识普及教育。因为当时的基层卫生宣传比较薄弱，农民对健康的认识很浅，自我保健的意识也非常薄弱，认知水平都比较低。通过科普提高基层老百姓的健康知识水平必要性非常强，是我们加强农村医疗卫生事业的一项基础工作。有良好的卫生保健知识做基础，能够起到率先预防、控制疾病的作用，让农民能够知道如何有效利用医疗服务。各级医疗卫生机构应该综合运用宣传手册、广播电视、公益广告、文艺活动等农民喜闻乐见的形式来大力宣传卫生保健知识。

第二是要巩固新型农村合作医疗制度。新型农村合作医疗制度推行后，农村群众“看病贵、看病难”问题在很大程度上得到了缓解，深得农民群众的支持和拥护。要逐步完善新型农村合作医疗制度的筹资办法，进一步扩大合作医疗基金的统筹面，加强对基金的管理，并在政策许可范围内，逐步扩大支付范围，努力提高报销比例，使这一制度能够真正在广大农民群众中普及。

第三是建立农村急救医疗系统。在偏远山区，由于经济不发达，公共设施建设滞后，群众难以享受到现有的公共医疗资源。各级政府应将急救医疗经费列入财政保障，拨专款给贫困山区医疗单位购买救护用车，安装公用 IC 电话，并建立农村流动“120”体系，满足其正常运行的基本要求，以解除急救人员的后顾之忧。

第四是大力改善农村医疗卫生条件。当时（2013 年）的农村医疗设施相对落后，乡村医生多数仅限于打针吃药、伤口包扎之类的简单业务，缺乏全面诊断技术和医药知识，不能完全解决农民就地看病、有效用药等问题，还停留在低水平阶段。因此，要大力实施乡村卫生组织一体化管理，加强村级卫生室的标准化建设，对乡村医生进行统一考核录用，解决乡村医生的养老保险问题，并加大卫生支农力度，选派城市优秀医务人员分期分批到农村工作，采取技术帮扶与智力支持相结合等方式，逐步提高农村医疗服务能力和水平，促进城乡医疗卫生事业协调发展。

改革措施先后落地，乡村医疗迎来质的飞跃

这个提案提出后，当时的山西省卫生厅积极回复，一些部门还就提案建议与我进行了直接沟通。在省卫生厅的书面回复中，对相关内容进行了详细说明。

针对关于开展基层的卫生健康知识普及教育的建议，省卫生厅在回复中表示：近年来，我省深入推进健康教育与促进工程。一是通过多渠道、多形式大力开展健康知识科普宣传活动。二是加大健康促进工作力度。开展居民健康素养监测和干预，对老年人、高血压和糖尿病患者进行健康指导，积极推广心理健康咨询热线服务。三是广泛开展爱国卫生运动。

针对巩固新型农村合作医疗制度的建议，回复表示：我省新农合制度日趋完善，如新农合参合率达到 99%、住院费用报销比例将达到 75% 等，很大程度上缓解了农民“看病难、看病贵”的问题。

针对关于建立农村急救医疗系统的建议，回复表示：我省高度重视建立农村急救医疗系统工作，各级政府部门不断加大投入，2009 年，我们积极争取省财政为全省 445 所中心卫生院配备了具有急救功能的巡回医疗车，切实缓

解了农村偏远山区就医难问题。

针对关于改善农村医疗卫生条件的建议，回复表示：各级政府加大了农村医疗卫生机构基础设施建设力度，先后对1000余所规划内乡镇卫生院进行了改扩建和新建，并配备常用医疗设备。为6971个村卫生室“空白村”建设了符合标准的业务用房，为全省2.8万余个村卫生室配备了不低于5000元的基本医疗设备，在全国率先实现了村卫生室全覆盖。每年安排630名二级医院主治医师以上人员到贫困县的210所乡镇卫生院开展对口支援，为乡村医疗机构送技术、送人才、送服务，帮助乡镇卫生院人员提高医疗服务能力。

针对关于解决村医养老保险问题的建议，回复表示：我省从2012年起，乡村医生在岗期间，按每人每月30元的标准享受政府专项缴费补助，直接计入该参保人养老保险个人账户。同时提出了市、县政府要采取补助等多种形式，妥善解决老年乡村医生的保障和生活困难问题。

通过后期的关注，这些改革措施也都陆续落地。我省通过基本医疗保险、大病保险、补充医疗保险和参保缴费救助、辅助器具免费适配救助、特殊困难帮扶救助等6项措施，努力解决农村建档立卡贫困人口因病致贫、因病返贫问题。

2017年，山西省委、省政府印发《山西省农村建档立卡贫困人口医疗保障帮扶方案》，山西省政府下发《关于进一步完善城乡居民医疗保险政策的通知》，两项医保改革总计投入 40 多亿元，我省农村 201 万建档立卡贫困人口享受“三保险”“三救助”，住院总费用实际报销比例达 90% 以上，城乡居民住院总费用报销比例达 80%，提高 15%，惠及 2600 万群众。

总的来看，和 10 年前相比，我省的乡村医疗卫生机构布局更加优化，服务功能得到了强化和拓展，疾病防控能力增强，服务信息化水平提高，卫生人才队伍发展壮大，从数量和质量上都在发生一个质的变化，收入和待遇保障机制完善，乡村医生养老和医疗保障问题得到解决，乡村医疗卫生体系运行机制不断改革完善。

第一，我省的医疗卫生服务体系不断完善。近年来，我省大力实施了“县提高、乡达标、村覆盖”工程，启动农村医疗卫生建设项目 7645 个，以县级医院为龙头、乡镇卫生院和村卫生室为基础的农村三级卫生网络全面加强。新评审确定二级以上县级妇幼保健机构 44 所，对规划范围内的 1000 余所乡镇卫生院进行了改扩建，为 445 所中心卫生院配备了具有急救功能的巡回医疗车；同时为全省 2. 8 万余个村卫生室配备了不低于 5000 元的基本医疗设备，为 6609 个村卫生室配备了具有血糖、血压、心电图等七项检测功能的“健康一体机”。

第二，新型农村合作医疗的保障更加有力了。全省新农合参合率始终保持在99%以上，实现了应保尽保，儿童先心病和白血病等24种重大疾病实际补偿比例达70%，并为377名贫困先心病儿童实行了免费手术。

第三，与之前相比，基本药物的供应保障更加及时有序。基本药物制度覆盖全省1467个基层医疗卫生机构、28099个村卫生室和119个县（市、区）的县级公立医院，基本药物的品种达718种，我省在全国率先实现了基本药物网上集中招标、统一采购、统一结算、统一配送、零差率销售。

第四，基本实现了均等提供基本公共卫生服务。80%左右的农村居民有了规范化电子健康档案，99%以上农村适龄儿童可以免费接种11种常规疫苗、预防12种疾病，同时，启动实施妇幼健康行动计划，农村居民可以享受免费宫颈癌和乳腺癌筛查、免费孕前优生健康检查、免费增补叶酸以及产妇住院分娩补助，受益农村居民达1000余万。另外，我省实施贫困地区新生儿疾病筛查项目，共为5.13万新生儿进行了遗传代谢筛查或听力筛查；实施贫困地区儿童营养改善项目，为21个集中连片特困县的9.8万名儿童发放营养包98万盒，特困地区儿童营养状况得到改善。基本公共卫生服务的受益面更加广泛，效果也更加显著。

医改新政持续推出，巩固基层医疗改革成果

近年来，我省出台了很多新的政策办法，推动农村医疗卫生事业发展取得了突出的成效。

我省积极落实分类资助农村低收入人口参保政策，对农村特困人员参保给予全额资助，低保对象按个人缴费标准 80%的比例给予定额资助，低于 280 元的按 280 元进行资助。

在医疗水平提升上，我省坚持实施长期对口支援战略，开展“医卫双优下基层活动”等，持续推进优质医疗卫生资源下沉。

在加大卫生健康人才队伍建设投入方面，我省实施了人才优先战略，开展“百千万卫生人才培养工程”、农村订单定向免费医学生培养、住院医师规范化培训等多种人才培养。其中，“136”兴医工程是壮大优质医疗资源、提升医疗服务水平的重大民生项目。

为方便广大群众就医，我省打造了覆盖全省所有三级医院、县级医疗集团和部分民营医院的“健康山西”预约诊疗平台，注册用户达到 332 万人，服务覆盖人群超过 1000 万人。

2023 年，我省出台了强化县域内医疗卫生资源统筹和布局优化、发展壮大乡村医疗卫生人才队伍、改善乡村医

疗卫生体系运行的机制、提高农村地区的医疗保障水平等政策。比如说在村医配备上，原则上每1000名服务人口配备不少于1名乡村医生；加强县级综合医院能力建设，到2023年底，力争实现县级综合医院全部达到二甲医院水平。

在全省基层医疗卫生机构开展“百名医师传帮带、千乡（镇）万村兴中医”中医药适宜技术培训活动，确保全省城乡居民在家门口就能获得优质便捷的中医药服务，实现“乡乡都有中医馆、院院都有中医师、村村都能提供中医药服务”。

完善县域内全民健康信息标准化体系，加强县乡一体化管理，利用现代数字技术，推进人口信息、电子病历、电子健康档案和公共卫生信息互联互通共享。

乡镇卫生院推行“基层检查+上级诊断”的服务模式，提升乡村医疗卫生机构全科医生工资水平，鼓励社会力量办诊所、门诊部、民营医院，提高农村地区医疗保障水平，2023—2025年，易返贫致贫人口（防止返贫动态监测帮扶三类户）按每人每年280元的标准给予定额资助，返贫致贫人口按个人缴费标准90%的比例给予定额资助，常态化开展“千名医师下基层”行动等。

社区医疗“叫好不叫座”，运行机制问题突出

在2015年的省政协十一届三次会议上，我提出了《关于提升我省社区卫生服务的提案》。当时我省紧紧围绕“医疗、医保、医药”协调联动，不断深化医药卫生体制改革工作，并取得了明显进展和成效，“看病难、看病贵”问题得到了缓解，社区卫生事业的发展也给群众带来了实惠。但与医改中提出的“基层首诊、双向转诊、急慢分治、上下联动”要求相比，社区卫生服务机构的医疗服务水平仍然较低。社区卫生服务机构“叫好不叫座”的现象较为突出，群众不愿到社区卫生服务机构看病。

调研中发现的问题集中表现在以下几个方面。

医疗场所和设施设备方面，社区卫生服务机构用房依然紧张，硬件设施简陋，影响了医疗卫生服务工作的开展。

社区卫生服务机构人员结构欠合理，人员素质较低，社区卫生服务机构人员普遍存在“两低两老”现象：即学历、技术职称偏低，年龄、知识结构老化。

服务能力方面，部分社区卫生服务机构工作人员在思想认识上存在明显的不足。一方面，医务人员不能变被动服务为主动服务，服务意识不强，服务模式陈旧，不能主动适应社区卫生服务的变化；另一方面，居民群众不认可，对社区卫生服务的信任度不高。

人员待遇方面，社区卫生服务机构聘用人员工资待遇低，流动性大，削弱了社区卫生服务机构承担公共卫生任务的能力。

同时，相关政策不完善、不健全，双向转诊渠道不畅通，制约了社区卫生服务事业的发展。社区卫生服务机构重医疗、轻服务现象严重，而且药品大多自行采购，药品价格不统一，用药安全不能保证。

经过认真分析总结发现，造成这些问题的主要原因有三方面。

第一，根本原因还是经费问题。社区卫生服务站财政投入支持不足，导致服务设施、医疗设备、技术力量等多方面的发展受到限制。

第二，资金不足导致社区卫生服务缺乏先进的医疗设备，待遇不高导致无法吸引或者难以留住优秀的医务人员，这在一定程度上制约着社区卫生服务的发展和社区医疗水平的提高。

第三，各级医疗卫生单位因受到各自经济利益的影响，“双向转诊机制”在当时的社区卫生服务工作机制中难以实现。导致转往医院的多，而转回社区的少。“双向转诊机制”在实施的过程中产生了诸多问题，一体化程度低，缺乏统一的标准和制度监督机制。

因此，在经过充分调研和认真分析后，形成了本提案的内容。核心观点就是：社区医疗卫生机构应根据区域卫生规划要求，做到科学规划，合理布局；完善社区卫生服务运行机制；提高社区卫生服务机构人员的综合素质，完善双向转诊制度；对社区卫生服务机构药品、医疗器械等必需品实行招标采购，统一配送，让利于民。建议通过五个方面的努力，提升我省的社区卫生服务机构水平。

一、明确社区卫生服务机构的功能定位。社区卫生服务机构要以健康为中心、社区为范围、家庭为单位，着力强化其健康教育、预防、保健、康复、计划生育技术服务和一般常见病、多发病的诊疗服务功能。

二、加强社区机构和大医院的双向互动。在社区卫生机构与大医院之间打造绿色通道，方便患者转诊，建立帮扶关系。

三、整体统筹，合理分配医疗人才资源。从经济地位、技术职称、政治待遇等方面着手，吸引和培养更多人才，扩充社区医生队伍。

四、努力提升社区卫生服务机构的服务能力。政府购买培训成果，鼓励社区医护人员参加各级培训；开通 24 小时服务热线，实行全天候服务，最大程度方便群众。

五、加大对社区卫生服务机构的宣传力度，让老百姓产生信任感。采取通俗易懂、生动形象的方式，向社区居民普及基本公共卫生服务项目内容和防病治病的科学知识。

效能提升，百姓叫好，社区医疗真正实现“家门口看病”

提出提案之后，我省也出台了一系列政策来落实改进。比如定期开展大医院专家医生进社区坐诊活动，大力培养全科医生，明确大医院医务工作者职称晋升前进入社区卫生服务机构服务锻炼，接纳社区卫生服务机构医务人员轮流进入大医院规范培训及进修，定期开展社区卫生健康知识宣传活动等。

从 2018 年开始，我能明显感受到社区卫生服务的变化和提升。老百姓看病不用多跑路，不用排长队，在家门口就可以享受到相对好的医疗服务。以前社区卫生服务中心比较陈旧，空间又小，现在都是崭新的服务场所和先进的仪器设备。附近的居民都很高兴，在社区看病不仅能享受到高质量的医疗服务，而且医保报销比例比大医院还高。社区卫生服务中心还新增了中医馆，可以让老百姓享受更多种类的医疗服务项目。

2022 年 12 月，我们小区陈阿姨不慎在家中摔倒，导致颈椎、腰椎受伤，在医院经过急性期治疗后伤势有所好转，但是回到社区后的康复和日常监测是重要的后续工作。因为当时正处于新冠疫情严峻时期，经常去医院出入不方便，所以老人的儿子就联系小区的家庭医生胡医生，他们商量每周为老人进行两次上门服务，即使当时的医护人员工作都很繁忙，奋斗在抗疫第一线，但胡医生团队的医护人员还是利用下班或者休息时间赶过去服务、指导，为老人进行血糖、血压监测以及康复指导训练，3 个月以后陈阿姨可以生活自理了，胡医生团队随后改为每月随访一次。对于这样的社区医疗服务，陈阿姨家里人都觉着非常满意，连连称赞国家的好政策。

从老百姓的切身感受来看，近年来基层医疗改革取得了明显的进步，城乡基层医疗卫生服务体系更加健全；建立了多样化、协作化的基层卫生人才队伍；基本公共卫生均等化不断推进；在家庭医生签约服务方面，构建了以签约团队为主的服务模式，截至 2020 年，全国组建了将近 43 万个家庭医生团队；基层卫生服务网得到完善，截至 2021 年，我国拥有 95.4 万个基层医疗机构，基本实现每一个街道都有社区卫生服务中心，每一个乡镇都有卫生院，每一个村都有卫生室。

在推进社区卫生服务机构建设和改善农村医疗卫生条件方面，我们山西也有很多值得学习和借鉴的经验做法。比如说推进农村医疗卫生和社区卫生服务机构的标准化建设，推进农村医疗卫生和社区卫生服务机构的工作平台信息化，推进基层人才培养的多元化路径；通过绩效考核，严格农村医疗卫生和社区卫生服务机构的监督管理等。

了解人民愿望，反映百姓诉求，是政协委员的职责所在

作为政协委员，长期关注我省基层医疗卫生事业的发展，与我个人的工作经历和成长环境都有很紧密的联系。2013 年，我有幸成为一名省政协委员，这是我参加工作以来所取得的一份特殊荣誉，我感到非常骄傲，同时也感到肩上的责任重大，因此，对自己提出了更高的要求。

这么多年来，我在省政协这个大家庭中，切实感受到了政协参政议政对社会进步发展的重要性。在深入基层调研视察、关注社会民情的过程中，丰富了知识，开阔了视野，结交了朋友；在融洽和谐的氛围中与委员们相互学习、帮助，在认真履职的过程中，为全省经济社会发展、民生事业发展贡献力量。

在政协的履职工作过程中，我的出发点始终是维护人民群众的利益，为此也经常深入基层一线，倾听广大群众的意见，了解其愿望，反映其诉求，努力通过自己的发声，为人民群众排忧解难，切实做到履职为民。

在履职的同时更能加深个人对国家大政方针的了解，增长见识，对个人能力也是一种极大的提升，让我具有更宽阔的视野，更长远的规划，也促进了自己本职工作的高质量开展，帮助我取得了长足的进步。所以对于我来说，

政协也是帮助个人全面成长的一个很好的平台。

对于我省未来基层医疗卫生事业的发展，我还是充满期待的。希望我们的农村和社区医疗卫生基础设施更加完善，医疗水平进一步提高，提高居民医疗报销比例，提供更加便捷的就医服务，提升老百姓的获得感和幸福感。同时，我们要引进人才队伍，让更多的乡村医生服务农村、扎根农村；完善新型农村合作医疗和城乡医疗保障制度，不断提高农村和社区卫生医疗服务水平。

替基层农民发声，始终是我履职的初心

李庭凯

因为我本身是在农村长大的，我对农民有一种天然的热爱，所以我愿意为他们代言。虽然我从农村走出来了，但对成千上万还生活在农村的广大农民来说，这些有用的发声是很有好处的。所以这个代言不是说能给我自己带来什么意义，而是能够给我千千万万的农民兄弟姐妹们带来益处。这始终是我在政协履职的初衷和初心，我要替基层的农民发声说话。

李庭凯，第十一届山西省政协委员、第十二届山西省政协常委，农工党山西省委会副主委，山西省中医药研究院副院长。担任

省政协委员期间，多次关注基层医疗卫生和环境保护领域。在2013年，提出了《关于乡村医疗机构的设置基本到位的建议》个人提案，为推动全省乡村医生的队伍建设、提升待遇作出了积极贡献。

从数据看农村医疗条件的变化

我是第十一届山西省政协委员、第十二届山西省政协常委。在履职期间，我主要的提案方向有两个，第一个是基层医疗卫生，第二个是环境保护，这也是我关注社会问题比较多的两个点。首先我是医务工作者，而且本身也是从农村出来的，因此，我关心医疗卫生事业，对基层的医疗卫生尤其关注。再一个因为我是农工党党员，医疗卫生和环境保护也是和我们农工党联系比较紧密的两个方面，所以在平时的工作中关注得也比较多。

咱们国家一直以来对农村的医疗卫生还是很关注和重视的。我记得在2002年的时候，中共中央、国务院下发了一个文件，就是关于加强农村卫生工作的意见，从那以后农村的医疗卫生条件逐步得到了改善。

2009年6月23日，我省出台了《山西省“村卫生室全覆盖”实施方案》，落实山西省人民政府提出的“用两年时间，实现县、乡、村三级医疗卫生机构特别是村级卫生室全覆盖”的目标。

近十几年来，乡村的医疗卫生条件确实发生了很大的变化。首先是全省所有的行政村都配备了符合标准的村卫生室，所谓符合标准是什么呢？就是村卫生室的面积，小于 500 人的村子，卫生室至少要达到 40 平方米，大于 500 人的村子不能低于 60 平方米。同时要求，村卫生室至少要分为三个房间：一个诊断的房间、一个治疗的房间、一个药房，这是标准的硬件条件。医疗设备方面，比如说听诊器、体温计、血压仪、血糖仪，还有药柜、健康档案柜、诊断床等，我们全省所有行政村的卫生室的配备都达到了条件，全部符合标准。

李庭凯（中）到基层调研乡村卫生室建设情况

在以前，全省没有统一的村卫生室，有的行政村有，那也只有一间房，甚至还有些就用老百姓自己住的房子，看病、治疗、药房都挤在一间屋子里，没有明确的区分。我记得20世纪70年代的时候，我妈妈是乡村医生，当年就没有专门的治疗场所，就是在我们家里看病，比如给病人打针等，没有诊断床，病人就趴在我睡觉的床上进行肌肉注射，这就是当时农村的医疗条件。

其次在软件方面，也就是乡村医生的队伍建设，近些年有了明显改善。因为在我2013年写提案之前，是专门做过调研的。其中第一个数据就是，当时太原市在岗且有行医资质的乡村医生1622人，其中年满60周岁、从事乡村医生工作25年以上的有469人，年龄最大的一位81岁，有60多年行医经历的村医仍然在岗行医，30岁以下的村医仅占村医总人数的7%。可以说人员老化的问题非常严重。另外一个数据是我在一所大专医学院校调研时得到的，我想了解学生毕业以后是否愿意到乡村从事一线工作，78%的学生是不愿意到乡村去的。不愿意去的理由主要有三个：第一个是医疗设施条件差，第二个是生活、交通条件差，还有一个主要原因是待遇低，工资福利等比县级医院的医务人员低了不少。因此，大多数人不愿意到乡村去。

其实说到底，基层医疗卫生条件的核心问题还是人。因为我在下面调研的过程中还发现了一个现象，村子里的条件肯定最差，到乡镇卫生院这一级，当时各级政府都配备了大量医疗设备，比如B超机、DR机，很多设备连箱子都没打开，我们问“为什么没打开”，他们说打开了也没人会用，因此，造成了大量的医疗设备闲置问题。所以我觉得人才是最核心的问题。从我的感受来看，无论从医疗卫生人员的数量还是质量上来看，还有乡村医生的待遇和福利，和10年前相比，我省的乡村医疗队伍和条件都发生了很大的变化。

建议提高待遇，稳定农村医疗人才队伍

在2013年省政协十一届一次会议上，我提出了《关于乡村医疗机构的设置基本到位的建议》的提案。

当时的背景是什么呢？首先，我本身是在农村长大的，比较关注农村的事儿。其次，我妈妈就是“赤脚医生”，也就是现在的村医。20世纪70年代的时候，我妈妈就是我们村的“赤脚医生”了，我又是从医的，因此我对这一块儿就很关注。我回到老家以后总要到村里转转，尤其是去村卫生室看看，我发现好多村卫生室没有人看病，核心问题是没有会看病的人。村卫生室按照省政府的要求，有符合标准的场所，配置了设备，但是很多村都没有医生，有医生的村卫生室老百姓对他们也都不太相信，有了病还是要到县医院，甚至到省一级医院，村里的卫生室已经是形

同虚设了。当时省里定的目标是“小病不出村，大病不出县”，要朝着这个目标努力，但是真正乡村一线的情况不容乐观。

我在调研中发现了几点问题：第一是乡村医生待遇过低，总共补助可能就是三四百元钱；第二个就是没有职称晋升渠道，尤其是对一些大学生而言，如果没有晋升渠道，他们是很难在村里头待下去的；第三个就是没有编制，对于医生来说看不到出路，他们也不可能一辈子都做乡村医生。

李庭凯（右一）在调研过程中与基层医疗卫生工作者交流

所以经过调研以后，形成了最终的提案内容。为了进一步稳定和壮大乡村医生队伍，提高农民群众的健康水平，在这个提案中我提出了三点核心建议。

一是进一步提高乡村医生的待遇，稳定现有队伍，吸引更多的医学生回乡村工作。

二是在职称晋升时，针对乡村医生的实际情况制定晋升标准，建立乡村医生职称晋升制度，乡村医生的待遇与职称挂钩。

三是大专全日制毕业生回村卫生室行医的，在试用期满经考核合格后纳入乡卫生院编制管理，享受乡卫生院工作人员待遇。

省卫生厅积极回复，多项举措推进落实

当时提案提出以后，由省政协提案委确定立案后转给了省卫生厅，卫生厅很快给予了答复，首先表明了对这项工作的重视，同时表示，将积极协调省有关部门完善和落实各项制度和优惠政策，具体体现在五个方面。

一是落实承担公共卫生服务补助。从 2012 年起，政府将按村医承担 40%的基本公共卫生服务工作量，给予村医基本公共卫生服务补助，按照 30 元人均基本公共卫生服务经费标准，将人均 12. 5 元用于村卫生室承担基本公共卫生服务补助，现在乡村医生承担公共卫生服务补助标准是每个月 400 元，对公开招聘的大学生村医补助标准不低于每

人每月 800 元，目前，各县（市、区）都按照人均基本公共卫生经费配套标准足额落实了配套经费。

二是落实村卫生室实施基本药物制度补助。2011 年底，全省 28613 个行政村卫生室全部配备使用基本药物，并实行零差率销售，实现了基本药物制度基层全覆盖。目前，已经对实施基本药物制度的村卫生室按行政村农业户籍人口每人每年不低于 5 元的标准给予补助，其中，中央财政补助 3 元，省财政补助 1 元，市、县财政补助分别不少于 0.5 元。

三是建立乡村医生培训、培养制度。充分发挥县级医疗卫生机构培训职能，通过临床进修、集中培训、巡回医疗、远程视频教学等多种形式，拓宽培训渠道，提高培训水平。建立乡村医生培训长效机制，每年对乡村医生分专题、分类别开展岗位技能和知识更新培训。结合中央补助乡村医生培训项目，县级卫生行政部门对在村卫生室执业的乡村医生每年免费培训不少于两次，累计时间不少于两周。培训经费由县级财政专项安排。

四是建立政策倾斜的基层卫生人才保障制度。探索对自愿到乡村卫生机构工作的医学院校毕业生，见习期执行定级工资标准，转正后定级工资标准高于同类人员 1—2 档，晋升聘用专业技术职务不受岗位设置和结构比例限制，人事、工资关系由县级卫生行政部门统一管理；自愿到国家级、省级贫困县的乡及乡以下卫生机构工作的各类大、中专学校毕业生，在校学习期间，可优先申请国家助学贷款，毕业后户口可落回原籍或当地县城；凡在非贫困县基层医疗卫生机构工作的高校毕业生晋升专业技术职务时，外语考试只需达到国家C级标准；在贫困县基层医疗卫生机构工作的高校毕业生晋升专业技术职务时，外语和计算机应用能力考试可以免试；全省三级医疗机构招考新进人员应优先录用具有乡村和社区工作经历的人员。

五是落实乡村医生参加新型农村社会养老保险制度给予补助政策。从2012年1月起，比照行政村党支部书记、村委会主任参加新型农村社会养老保险缴费补助制度，解决乡村医生养老保障问题。乡村医生在岗期间，按每人每月30元的标准享受政府的专项缴费补助，直接计入该参保人的养老保险个人账户，鼓励市、县政府采取补助等多种形式，妥善解决老年乡村医生的养老保障和生活困难问题。

乡村医生待遇上来了，队伍质量也上来了

对于当时的反馈，我觉得还是很满意的，而且从近些年的实施来看，这些政策基本上都落地了。在卫生室的硬件建设上，全省都到位了。乡村医生待遇提升这一块儿，有的地方还没有完全落实到位。

近年来，各级政府对基层医疗的重视程度逐步加强，

从省级层面下发了好多文件，一再强调要“强基层”，要求加强基层医疗工作。从 2013 年开始，每次政协会上，我都在呼吁要提高乡村医生的待遇。根据我最近的调研情况，山西省乡村医生的待遇已经大幅提高了，目前（2023 年）每个月的补助不低于 1000 元，并且我问了一下，补助的发放全部能够到位。除此之外，还有一些公共卫生的补贴等，基本上能达到当地平均水平，这样就稳定了村医队伍。

在乡村医生的职称这一块儿，近几年也取得了很大的进步。省卫生厅、人社厅等专门下发了文件，一级的助理执业医师，就可以作为乡村医生行医。还有一种办法叫“乡聘村用”，也解决了编制和待遇问题。再一个在晋升渠道上也对他们进行了政策上的倾斜，在村一级的基本上可以不考外语和计算机，因此，乡村医生这几年晋升空间也得到了很大提高。

在人才培训建设方面，这些年来我们山西省乡村医生的培训，主要是由县级医疗机构来承担，首先就是适宜技术的培训，就是比较简单的技能培训，只要有一定的医学基础，很容易上手学会，比如扎针、拔罐、理疗等，由县级医疗机构进行培训。其次是公共卫生预防保健工作的培训，也由县级医疗机构的医生进行培训。

10 年前我们一直在做，各级政府也一直在做，但是以前经费没有保证，做得不够好。如今各级政府更加重视了，省里专门下发文件明确了各个部门的职责，包括财政厅、人社厅、发改委、卫健委等，职责全部都明确了，因此，这几年经费能够保证了，各方面工作可以正常运转起来，效果就比以前要好很多。

综合提案推动全省医疗改革

在 2013 年省政协十一届一次会议上，在多个委员的提案基础上，我们医卫界别还一起提出过一个《关于推进我省医疗改革的建议》的综合提案。

李庭凯在省政协会议上参与小组讨论

所谓的综合提案是什么？就是针对某一个具体领域或

具体问题，我们不同的政协委员站在各自的角度提了有关的提案，然后政协把这些同类型的提案集中在一起，形成综合提案。

这个综合提案就是围绕乡村医疗的问题，大家从不同的角度提了各自的建议，然后政协进行了一个综合，把它归纳到一起，成为一个综合提案。主要内容有以下几个方面。

一要建立统一的医保制度，实行统一的医保政策。所有人群不分职业、民族，加入医保一律选择居住地的最基层医疗卫生机构登记入保，并将农村合作医疗、城镇职工医保、城镇居民医保纳入统一管理范围，实行就医“一卡通”，实现真正的医疗平等。

二要加强对县乡级医院人才引进的宏观指导和统筹协调，在职称晋升上实行政策倾斜，完善培训机制，提高基层医务人员医疗服务水平。

三要加大基层医疗卫生设施投入力度，改善基层医疗卫生保障条件，加强乡镇卫生院基础设施建设和村级卫生室标准化建设。鼓励各级卫生机构纵向合作，构建上级医疗机构向基层延伸的技术服务机制，确保农民群众就近享受较好的和适宜的医疗服务。

四要健全基本药物配送制度，彻底解决中标企业不配送、不及时配送、不按计划品种配送、不按中标价配送等问题，对基本药物标的企业中配送率低的责令整改，对基层医疗机构反映强烈的坚决清退，不得再参加基本药物招标采购。

五要完善财政保障长效机制，确保财政补助资金按时足额落实到位，进一步加强对基层医疗卫生机构预算编制工作的指导，财政预算不仅要包括人员、公用和业务经费，还应将房屋修缮、设备添置、医疗风险以及债务化解等项目纳入，同时研究制定基层医疗卫生机构业务收入超收返还的财政激励措施，并加大财政转移支付力度，以确保基层医疗卫生机构可持续发展。

六要进一步完善公共卫生服务体系，实行公共卫生服务县镇村一体化。在县、乡（镇）卫生院和社区卫生服务中心原防保科的基础上设立公共卫生科，在村卫生室和社区卫生服务站委派公共卫生联络员，具体负责辖区内疾病预防控制、妇幼保健、卫生监督、健康教育、卫生应急等管理与服务工作。

七要加大各级中医院标准化建设投入力度，扩大中成药在基本药物目录中所占的比例，加快中医药人才的培养。

八要加强医疗服务的监督管理，加快从现在的“管办结合”过渡到“管办分离”，加强对医疗机构的监管，打击非法行医，规范医疗行为，为人民群众提供安全有效的医疗服务。

到现在来看，这些建议大部分得到了落实，没有完成的也在加快进行中。

医改好政策层出不穷，老百姓是最终受益者

近年来，我省出台了不少关于医疗改革的好政策，特别是农村的基层医疗建设，各级政府做了很大的努力，比如在吸引人才这方面。现在乡村的医疗设施条件具备了，交通、生活条件也非常好了，乡村医生的待遇问题也解决了。就像目前正在实施的政策，大学生可以直接注册乡村医生，并可以享受乡镇卫生院，甚至是县级医院的待遇。这样的话，对于许多医学生的就业是一个很大的帮助，很大程度上改变了以前大学生毕业不愿意回村的情况。这几年，到县医院、乡镇卫生院、农村卫生室就业的大学生明显增多了。

同时，还有省卫健委提出的《山西省县级医疗机构综合能力提升三年行动方案》，要求“强基层”，最终目标就是把所有的县级医院提升到三甲医院的水平上来，这样才能真正实现老百姓“大病不出县”，当然这还需要一个过程，现在正在一步一步往前走。

对于县级医疗机构的能力提升，这几年卫健委也下了很大的功夫，要求省直的三甲医院要开展对口帮扶。同时，我们山西省在全国率先成立了县级的医疗集团，对乡镇卫

生院和县医疗机构进行统一的管理，这样就能进一步提升基层卫生机构的医疗水平。

纵观近 10 年，在各项政策的逐步实施和落地下，基层医疗卫生条件得到了明显的改善，硬件设施基本完善，人才队伍基本稳定。但同时还存在着一些问题，例如基本药物目录里好多药品不能够及时配送的问题，影响到老百姓的用药。因此，我希望卫健部门和医疗保障部门能够督促配送企业积极配送，另外采取一定的措施来鼓励和激励配送企业，把基本药物送到老百姓身边，让老百姓真正享受到国家的优惠政策。

2023 年 8 月，山西省专门出台了《山西省进一步深化改革促进乡村医疗卫生体系健康发展的若干措施》，其中对政府各个部门的职责进行了更明确的分工。我觉得在这个政策出台以后，整个山西的医疗水平会得到进一步的提升。

发扬好中医优势，同样有利于提升基层医疗建设

因为和我的专业相关，在这里还要格外说一下中医对于基层医疗建设同样至关重要。目前我们中医的推广发展也正在朝着好的方向努力。

如今在我们国家的基本药物目录里，正在加入越来越多的中成药，还有中医的很多适宜技术正在被越来越多的人认可，被证实其科学有效性。比如说拔罐、针灸、理疗，

还有推拉接骨这些适宜的技术，在农村都可以使用，并且能够解决大问题。我觉得在下一步的乡村医疗建设中，我们要加大力度培训乡村医生的中医医疗水平。

其实目前（2023 年），我们基层的民间中医有很多，但是他们想取得行医资格却相对比较困难，我们国家也正在努力解决这个问题。第一个就是通过确有专长，就是认定了其确实在治疗某一个方面疾病有专长，通过考核就可以取得行医资格。第二个就是通过时长，跟师 3 年以后，就可以参加考试，考试合格以后可以取得相应资格。

因为原来医师资格的考试都是按照西医的标准，对于好多医学知识比较薄弱的中医来说，很难通过执业医师的考试。国家现在就给了另外一条出路，通过确有专长或者跟师学习，就可以通过考试取得行医资格。而且中医在老百姓中有很广泛的群众基础，好多老百姓都是受益者。这样的话，就可以把很多基层的中医资源更好地利用起来，让农村的老百姓也可以有更多的就医选择。

其实作为政协委员来说，当时提这些提案更多关心的是村里边的父老乡亲和兄弟姐妹。因为我本身是在农村长大的，我对农民有一种天然的热爱，所以我愿意为他们代言。虽然我从农村出来了，但对成千上万还生活在农村的广大农民来说，这些有用的发声是很有好处的。所以这个代言不是说能给我自己带来什么意义，而是能够给我千千万万的农民兄弟姐妹们带来益处。这始终是我在政协履职的初衷和初心，我要替基层的农民发声说话。

对于未来的基层医疗改革，我仍抱有很大的期望。我的愿望就是，老百姓得了病，小病不用出村，在村里就能够得到治疗；得了大病，在县里头就能得到治疗，我想在不久的将来一定能够实现！

政协委员不仅是一个身份，更是一种责任

刘 洋

政协委员不仅是一个身份，更是一种责任。我作为政协委员，时刻以这种特别的身份要求自己做得更好。政协更像一个家庭，在这个家庭你会见到在各个领域有特长、有能力、有才华的人，可以从他们身上学到好多东西。在政协这个平台上，还能够增加自己的阅历，我觉得在三届履职过程中，自己一届比一届更加成熟，一届比一届更能发挥作用，非常感谢山西省政协这个平台！

刘洋，第十一届、第十二届、第十三届山西省政协委员，山

西医科大学继续教育学院院长。长期工作于医疗卫生和教育行业，曾先后在山西省卫健委医政处、监督处、新闻中心等部门任职，关注并躬身山西省医疗卫生改革，见证了近10年医改进程。在省政协履职期间，他提出上百件医疗卫生相关提案及社情民意，提案多次获评优秀提案。2018年，在山西省政协十二届一次会议上，刘洋提出的《关于三医联动，巩固“取消以药补医”成果的提案》，助推了山西医疗改革的健康发展。

连任三届政协委员，提出一百余件提案建议

我目前是山西医科大学继续教育学院的院长，此前曾先后在山西省卫健委的医政处、监督处和新闻中心工作，后来工作调动到山西医科大学。就我的工作经历来说，我长期在医疗卫生和教育行业工作。

我担任省政协委员是从2013年开始的，从第十一届山西省政协委员到第十二届连任，目前是第十三届山西省政协委员。这么多年来，我一直在关注民生、关注卫生、关注教育。2013年，我首次作为省政协委员，参加了省政协十一届一次会议。作为一名新委员，我第一次了解了政协委员履职需要掌握的技能和要求；同时近距离聆听了当时的省政府工作报告以及省政协有关的工作报告，对政协的整体工作有了一个初步的认识。

2019 年，刘洋在山西省政协会议上发言

我作为政协委员履职期间，先后在 11 年间提出了 40 余件政协提案、90 余件社情民意，这些提案和建议，包括一些调研活动，对推动相关领域的工作落实以及加强和群众之间的沟通，起到了积极的作用，也产生了很好的效果。

那么作为一名政协委员，如何处理政协履职和自己本职工作之间的关系呢？我一直坚持的观点就是双岗双责，日常的本职工作和政协履职不是矛盾的，而应该是一种相辅相成的互相补充，一方面在工作中能够发现问题，另一方面通过政协这个平台能够促进相关领域的工作得到有效推进。在我一开始担任政协委员的时候，这种认识还是比较肤浅的，认为从事政协工作可能会与自己的本职工作有较大的冲突，但是这么多年下来，我觉得不但没有冲突，反而能够相互促进。

作为一名连任三届的政协委员，通过多年来参与政协工作，我对政协的职责有了更进一步的认识，对如何做好一名政协委员也有了更深刻的理解。同时，能有幸连续三届担任政协委员，我也特别珍视政协委员的身份和荣誉。履行好政协委员的职责，就是我追求的目标。在政治协商、民主监督、参政议政三方面，我每时每刻都在努力。

2016 年：关注撤乡并镇后乡镇卫生院建设

在 2016 年省政协十一届四次会议上，我提出了《加强撤乡并镇后遗留的农村医疗机构建设的建议》提案，重点关注的是偏远地区乡镇卫生院的建设。

政协委员的提案，我觉得应该关注四个方面，第一是国计民生，第二是当时的政策关切重点，第三是自身熟悉的领域，第四是普遍关注度比较低的领域，当时就是在这种“补短板”的思想下进行了解的。

在 2015 年前后，山西省进行了比较大规模的撤乡并镇，全省 60 多个原来属于乡镇的医疗机构，相当于没有了行政归属。上级主管单位模糊，包括机构编制、财政支持等，都出现了困难。因为当年这些医疗机构都是按照行政区划设置的，乡镇合并以后行政机构没有了，但是乡镇卫生院还作为一个实体存在，应该如何处理这种情况？所以在了解这个情况的基础上，我提出了自己的看法和建议。

第一，比照规划设置的乡镇卫生院，将撤乡并镇后保留的乡镇卫生院和医疗点纳入政府农村卫生服务体系建设投资范围，也就是撤乡并镇后没有覆盖到的乡镇卫生院，应该进行有关的职能转型。

第二，乡镇卫生院体量不大，建议由地方财政拨款对危旧业务用房进行新建，安排专项资金对其医疗设备进行更新。

第三，建议对相关的人员、设备进行划转，在人员工资、绩效考核、财政补助等方面，给予同等的待遇。

就这个提案的推进来说，实际上针对这个事儿没有出台统一的政策，相当于“谁家的孩子谁来管”，根据各地的不同情况，不同的乡镇卫生院由各地分别解决。根据我后来的了解，各地采取了建议中的两种或者三种途径来解决。

一种是医疗机构进行了相关的职能转移，一些乡镇卫生院变成了医养结合的医疗养老机构；另一种就是一些乡镇卫生院的人员划转到其他保留下来的卫生院，或者其他的医疗机构。总体来说，这些医疗机构以及医务人员的问题最后都得到了比较合理的解决。

2017 年：制度掣肘，提案推进城乡居民医保整合

在 2017 年省政协十一届五次会议上，我提出了《加快管理机制重构，推进城乡居民医保整合》的提案，并被评为优秀提案。

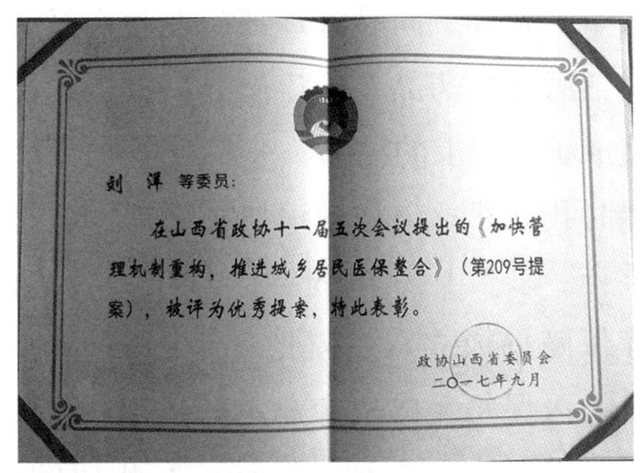

刘 洋 等委员：

在山西省政协十一届五次会议提出的《加快管理机制重构，推进城乡居民医保整合》（第209号提案），被评为优秀提案，特此表彰。

政协山西省委员会
二〇一七年九月

2017 年，《加快管理机制重构，推进城乡居民医保整合》提案被省政协评为优秀提案

这个提案是基于什么原因呢？当时国家的医保分为三种：城镇职工医保、城镇居民医保、新型农村合作医保。这三种医保，前两种是在人社部门管理，新农合是在卫生部门管理。特别是新农合覆盖的人口特别多，要求个人缴纳的部分也不多，成果非常明显。许多老百姓从来就没有想到住了院，政府还会给他出钱，当时到基层去采访调研，好多农村患者特别激动，真正体现了党和政府的温暖。特

别是遇到大病，他们看到令人瞠目结舌的医疗费用账单有一大部分让医保给支付了，就特别激动。

随着覆盖面扩大以后，三种医保出现了交叉情况。有一些农村的人，随着城市化的进程来到城市生活，就需要买城镇居民医保，但是和新农合的医保起付线、报销比例不一致，产生了差异。同时管理部门在两个系统中不能统一管理，包括医保的药品、诊疗项目、覆盖的比例都有差距，这就造成了管理上的混乱。

所以当时我就建议，将城镇居民医保和新型农村合作医保进行整合。事实上在 2018 年，山西省医疗保障局就成立了，医疗保障局成立以后就把三个医保都统一管理了。现在山西省的医保每年的资金总量超过 100 亿元，作为医保部门来说，进行统一管理，发挥了它相应的行政职能。所以这个提案取得的效果也非常明显。

2018 年：医疗改革进程中发现实际问题

2018 年，在省政协十二届一次会议上，我提出的《关于三医联动，巩固“取消以药补医”成果的提案》，在当时被列为重点提案，同时在 2020 年被评为了优秀提案。

这个提案的背景是这样的。我们国家的医改是从 2012 年正式开始的，从 2012 年到 2018 年先后经历了几个不同的阶段。2012 年开始，首先是基层医疗机构改革，随着基层医疗机构改革的推进，到 2017 年前后开始推进公立医院改革，公立医院改革就要求三医联动。

在医疗、医保和医药的三医联动中，我们国家首先将“取消以药补医”作为着力点和推进的关键环节，山西省也不例外。而且作为山西来说，当时就如何更好地通过“取消以药补医”促进公立医院改革，政府投入了巨大的财政资金补贴，包括行政力量，在全省上下全面实施。

所以对省政协来说，如何助力这项政策能够更好地落地，促进公立医院改革，当年也是作为一个重点议题进行了调研。我记得在 2018 年年初的时候，我作为医药卫生界的委员，和省政协几个专委会成员一起，到全省各地进行有关工作的调研。

我们先后去了多个省、市、县级医疗机构，到阳泉、吕梁以及大同等地，包括不同层次的基层医疗机构。在调研的过程中，掌握了比较翔实的数据，了解了一些案例，在这种情况下，我提出了《关于三医联动，巩固“取消以药补医”成果的提案》。

2018 年，山西省政协调研组到大同市壶泉镇赵庄村进行专题调研

因为这项提案内容有理有据，有问题也有建议，所以在提出以后，得到了省政协的肯定和重视，被列为当年的重点提案，而且随后还被评为省政协的优秀提案。

把脉问诊，找准原因

当时实施“取消以药补医”的改革政策，是因为一直以来，我国公立医院的收入主要来源于药品收入加成，也就是所谓的“以药补医”。由于当时对医疗机构的补偿机制不健全，或者说不是太到位，所以老百姓感觉医疗费用越来越高，其实药品的费用所占的比例特别大。国家在发现这个问题以后，决定取消药品销售中 15%的加成，实现药品“零加成销售”。

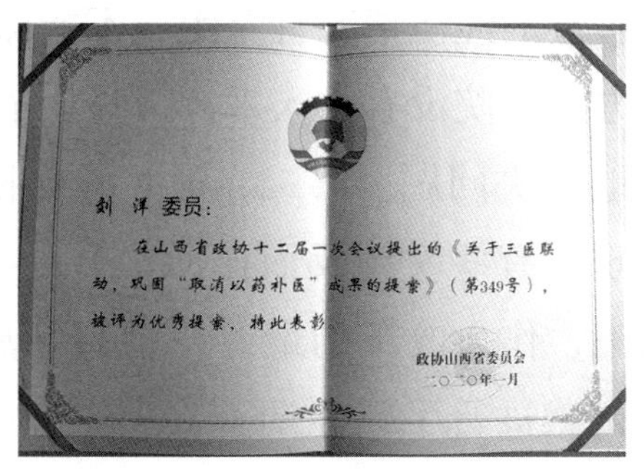

刘 洋 委员：

在山西省政协十二届一次会议提出的《关于三医联动，巩固“取消以药补医”成果的提案》（第349号），被评为优秀提案，特此表彰。

政协山西省委员会
二〇二〇年一月

2020 年，刘洋的《关于三医联动，巩固“取消以药补医”成果的提案》，被山西省政协评为优秀提案

但是对于医院来说，由此引起的收入亏空或者说差距怎么解决呢？当时是通过两个渠道，医疗服务费用调整和政府补偿。山西省从 2017 年 7 月份开始实施这项政策，全省的公立医疗机构都取消了药品收入，采取两种模式解决医院的收入问题，县级医院主要是靠政府投入来解决这 15%的差距，市级和省级医疗机构采取价格调整的办法，主要是通过医疗服务费用的价格调整来进行补偿。

实施的效果怎么样呢？2018 年，我们随着省政协进行了深入的调研。整个过程我实际上结合了两方面情况，一方面就是随着省政协的调研组去了相关地方，前后一个多月时间去了三四趟；另一方面结合当时我在省卫健委的工作，所以本身对这些政策的数据也有一些掌握的途径。

通过调研发现，现实情况与政策设计时的预想存在一

定差距，实施过程中还是出现了一些问题。第一，补偿力度不足，因为各县的经济情况有差距，不能保证补偿到位，包括一些企业办的医院没有收入来源，只能依靠财政补偿，难以长期有效地解决问题。第二，通过对出院患者、门诊患者的调研发现，有些费用反而比原来升高了，医疗费用不降反升。第三，作为改革的最终受益目标患者来说，我们对他们的获得感进行了问卷调查，大家普遍说没有感觉到医改有什么特别明显的效果。

2018 年，山西省卫健委的工作人员实地走访乡镇卫生院，了解基层医疗建设情况

基于这些问题，我们进行了认真分析，认为主要由三

方面原因造成。首要问题就是，有限的财政补偿能力影响了取消药品加成这项工作的持久深入。财政补偿的能力有限，很多市级、县级财政不能保证 15%的比例都能补偿，只能补偿医院一部分。对医疗机构来说，财政收入出现了亏空，难以长久持续。所以在政策落地的过程中，的确需要更加深入地解决这些问题。

其次就是部分药品价格虚高，挤压了取消药品加成的效果。药品加成取消后，同类型药品又以更高的价格出现了，比如和原来相同的成分、以不同的名字进入市场，价格反而更高了。所以整体感觉到费用没有下降。

最后一个原因就是卫生耗材的费用影响了整体的医疗费用，药品费用降低的同时，卫生耗材费用越来越高。调研中发现，我省的公立医院中，当时 100 元的医疗费用中卫生材料费占到 25 元，而且这个费用还在逐年升高，增长的速度在 6%左右，所以整体医疗费用并没有明显降低。

关于这项提案涉及相关数据的可靠性以及提出问题的准确性，实际上我借助了两个平台，一方面是我跟随省政协调研过程中收集了这些医疗机构、行政部门、医务人员提供的汇报材料，这些数据都比较准确；另一方面，因为我在卫生行政部门工作，所以能掌握很多政策信息和数据。综合这两方面最后形成调研报告，准确性还是比较高的。

当然，作为一名省政协委员，本着对提案负责、对工作负责的态度，前后从调研到撰写提案，整个过程经过了三个月左右的时间，内容还是比较扎实的。

有的放矢，合理建议

针对上面发现的三方面问题，在提案中我提出了三点建议。

第一就是改革药品监管模式，建立药品出厂价可追溯机制，加强对药品的全过程监管，增加药品价格的透明度，使政策得到真正落实，同时减轻财政、医保、患者的负担，在破除“以药补医院”的同时，破除“以药补医生”。

第二就是要实行“医保总额预付制度”。针对这一项制度，我们当时也到陕西省进行了调研，作为一种长效机制，应该把医保费用真正和医院的收入挂钩。也就是说，在某一位患者的治疗过程中，实行按病种总额预付，无论是药品还是耗材，尽量采用便捷的、节约的方法，医疗机构结余的成本就成了医院的收入，这样可以促进医院自身挖掘潜力，降低医疗费用。

第三就是针对改革过程中出现的新问题，进行适当的政策调整，以满足患者的需要。比如说，在改革过程中，所有医院的诊疗费标准都根据医生职称做了相应提高，由原来的 1 元、5 元、10 元，增加到 5 元、15 元、25 元。这样，对一些病情稳定但因治疗需要定期到医疗机构开药的患者，负担就会加重。例如慢性病、老年病长期患者，在门诊开一元钱的安眠药，挂号费就要5元到10元钱，很不合理。因此作为医疗机构来说，应该改善医疗服务流程，针对这些患者开设方便门诊，降低患者实际的费用承担，避免“一刀切”，使改革有更好的社会效果。

积极采纳，解决难题

这个提案提出后，省发改委、省财政厅、省卫健委、省药监局等相关部门先后进行了答复。因为这项提案调研扎实、数据充分，建议也比较合理，所以提出来以后被省政协列为当年的重点提案。2020年，这个提案被评为优秀提案。

每年年初的时候，根据两会期间政协委员们提出来的提案，选一批和当前的社会民生经济关联性特别强的提案，作为重点提案开展调研，这就是所谓重点提案，每年都有。优秀提案，原来是一届只评一次，在这一届里头评几十篇作为优秀提案，后来改为一届评两三次，所以被评为优秀提案也是比较难的。就我的理解，实际上并不是说这个提案写得最好，而是在某种程度上对你作为政协委员，在参政议政方面表现突出的一种肯定。

在具体落实的过程中，相关部门也认真研究并采纳了提案中的相关建议。现在（2023年）回过头来看，这个提案涉及“取消以药补医”改革过程中一些关键点，这些建议在最后也确实得到了落实，总额预付制度实现了，方便门诊几乎每个医院都有，费用很便宜，到现在还是一元钱。这些问题都得到了解决，有一些短期内就得到了解决，有一些长期产生了很好的效果。比方说有关医保总额预付制度，提高医院降低医疗费用的积极性和自主性，这项工作顺利开展。之后随着省医保局的成立，这项工作在国家医保局的领导下得到了更大力度的推动，到目前（2023 年）为止，总额预付制度已经成为医保管理的一种非常重要的模式。

还有关于诊疗服务费的建议，在我提出提案以后的第二年，好多医疗机构就开始降低了方便门诊的诊疗服务费，包括一些三甲医院的方便门诊诊疗费也有一元钱的，极大地方便了长期病、慢性病患者，所以我感到非常欣慰。

近 10 年山西省医疗改革工作成果显著

作为政协委员，我长期关注山西在医疗卫生领域的改革，并积极建言献策。以我的观察来看，山西省在基层医疗机构改革、公立医院改革以及目前推进的城市公立医院改革、医疗联合体建立、区域医疗中心建设中，都在进行积极探索，积极作为。

在改革初期，山西作为全国医改的重要试点省份，第一批公立医院改革山西就位列其中。当时全国有 300 多家县级公立医院进行改革，山西第一批就选了 24 家，占到全国的 8%，所以山西的医改一直是走在全国先进行列。

比如总额预付制度改革，是一个多部门、多环节、多领域持续协同的一项综合改革。在公立医院改革阶段，“取消以药补医”是一项重要内容。在这些内容中，我提出的有关建议，对于保障山西省有关工作的顺利进行，起到了一定的作用。

从 2013 年到 2023 年的 11 年时间里，我们山西的医改按照国家的大政方针得到了很好的落实。医改工作在推进过程中，不断结合我省的具体情况、医疗机构的特点以及群众的需求，进行本地化的灵活调整，或者说政策完善，使医改政策得以落地，并不断得到群众的拥护。

具体来说有三个方面变化最大。

第一，各级医疗机构的设施设备条件有了翻天覆地的变化，包括一些偏远乡镇、村的医疗环境设施，都已经很到位了，大的医疗机构就更不用说了。

第二，医保服务体系充分覆盖，而且使用非常方便。比如我的家人去外地看病，直接在北京的医疗机构就能刷山西的医保，出院的时候直接扣除，没有了烦琐的报销流程。所以在医疗保障制度建设方面，我们国家的进步非常大。

第三，随着医改的深入，大家有一个明显的感觉，医患纠纷数量在逐年下降。这一方面得益于社会治理的加强，另一方面是整个医改取得成效以后，大家对医疗服务的满意度普遍提高了，所以纠纷数量自然就下降了，包括医调委的成立，通过医疗保险费用进行经济补偿等制度，保障了纠纷问题得到更好的解决。

而要说到对基层医疗机构的影响，从我的切身感受来说，包括乡镇和农村，和 10 年前相比也有非常大的变化。

一是基层医疗机构在硬件设施设备上得到了加强。山西在医改的初期就进行了卫生室“村覆盖”的建设，每个行政村都要建设一个卫生室，然后要求“乡达标”、县级要提高，所以咱们基层医疗机构硬实力方面得到了加强。

二是随着公共卫生工作的推进，乡镇、村主要承担着公共卫生职责，比如疫苗接种、健康管理、慢性病管理、健康档案上报等，而医疗服务的任务更多地转移到县级以上医疗机构了，因为患者观念发生了转变，不太看重去乡镇卫生院报销比例可能更高，而是倾向于为了得到更好的医疗服务，最起码要去县医院。这也是比较明显的变化之一。

还有哪些问题亟待解决?

就目前（2023 年）的医改而言，我认为我们山西需要解决的主要问题有三个方面。

第一，如何使医疗费用进一步下降，使群众有更好的获得感。其实从医疗卫生总投入来说，近年来的增长速度已经非常快了，但是对于社会和个人来说仍是比较大的经济负担，所以费用问题是一个需要持续关注的问题。

第二，如何使医务人员、医疗机构能够持续地良性发展，这是医疗服务的根本。如果改革措施打消了医疗机构和医务人员的工作积极性，将不利于医疗服务体系的建设。

第三，在医疗服务过程中如何更好地发挥中医药的预防作用，也需要重点关注。中医药是我们中华传统文化的瑰宝，在中医药的文化中一直有“未病先治”的思想，强调疾病预防的重要性，不要等到疾病真正形成了，或者说很难治愈的时候才开始治疗、使用高级的设备仪器，这样的话不仅效果很差，治疗费用高，而且病人的生活质量也不高。所以我认为将医疗服务向中医药预防的方向引导是非常重要的。

卫生经济学上统计过，在预防上花 1 元钱，相当于在治疗上花 20 元钱，相当于重症期间花 200 元钱，就是说同样一个问题，你拿 1 元钱能预防的，等到发生了要拿 200 元钱解决，所以我们要积极提倡预防疾病的观念。

2023 年，刘洋（左二）调研省内某中医门诊部

其实早在 20 年前我就拍过这种视频，或者给大家讲课，讲什么样的生活习惯可以预防“三高”，你前面预防了，后面的疾病可能相对来说就没那么严重。现在我们有了更多的新媒体平台，就可以办一些养生讲座，请专家来普及养生、保健、预防疾病的小窍门，特别是中医药的治疗已经越来越被大家所接受，借助直播平台进行推广，都是非常好的传播方式。

履职感受：政协委员不仅是一个身份，更是一种责任

我作为三届政协委员，履职过程中对于社会关切、民生所系的内容以及卫生教育领域的问题关注多一些。我的提案一般是围绕着四个方面来进行：第一是当时的政策重点，针对省委、省政府主要的工作重心是建言献策；第二是针对社会关切的问题，比如说群众普遍反映的需要解决

发展健康领域碳基新材料

“你知道吗？未来在我们的骨骼修复、牙齿修补、假肢矫正和创伤治愈中，都将出现碳基新材料的身影。当煤炭化身为碳基新材料，身价可是千倍倍增啊！”1月19日，在省政协十二届五次会议上，作为一名来自医疗战线的省政协委员，山西中医药大学图文信息中心主任刘洋深入调研，把目光聚焦到碳基新材料在健康领域的应用，并且形成提案，带到大会上。他建议，山西下大力气发展碳基新材料健康产业，相关部门要营造多方协同、利益共享、良性互动的创新生态圈，培植一批前景良好的碳基健康产业新材料企业，为实现“双碳目标”交出山西答卷。

技术在山西，政策有支持，产业基础丰富

“听上去，碳基材料似乎离我们很遥远。但其实跟我们的生产和生活息息相关，比如：手机、电脑的散热膜、干电池的电芯就是碳材料。”刘洋说，碳基材料是指以碳为主体的材料，包括主要由碳元素构成的石墨、金刚石、石墨烯、碳纳米管、富勒烯(C60)、碳同位素C14，碳纤维及其复合材料，广义还包含碳化硅及其复合材料等。碳基材料广泛应用于航空航天、冶金机械、电子信息、新能源等领域。近年来，碳基材料在健康领域的应用呈迅猛上升趋势。

刘洋介绍，近年来，国外碳基健康材料领军企业正积极抢滩中国市场。山东、江苏几家涉足该领域的企业，年产值已达十几亿，技术引进恰恰来自山西。因此，积极发展国产碳基健康产业新材料，是促进我省健康产业发展壮大的重要路径。

“在资源和环境约束趋紧的背景下，通过技术创新，实现对煤炭的清洁高效利用是山西实现由煤炭向新型材料转化的现实需要。”刘洋在调研中了解到，为打造全国能源革命排头兵，2020年，我省制定出台了《山西省支持新材料产业高质量发展的若干政策》《战略性新兴产业电价机制实施方案》等新材料支持政策，从产业集群发展、创新能力提升、龙头企业培育、融资税费支持、人才引进培养5个方面出台27条优惠政策。他说，这一切都为碳基新材料产业化奠定了政策基础。

刘洋介绍，2021年6月制订的《山西省“十四五”新材料规划》中，明确了碳基新材料的发展方向和目标，即：坚持走高端化、差异化、市场化、环境友好型发展路径。到2025年，碳基新材料产业营业收入达到500亿元，打造成为国内领先的碳基新材料产业研发制造基地。发展碳基健康产业新材就是实现这个方向目标的重要内容。

“山西拥有丰富的煤炭、石墨资源及相关产业基础，具备其他省份没有的碳基新材料产业先天优势。”刘洋说，阳泉、晋城已探明无烟煤储量470亿吨，约占全国的40%，是制备新型碳材料的首选原料。

而在山西省内高校和研发机构，聚集了国内众多碳基材料相关专家学者。特别中科院山西煤化所，多年从事碳纤维、石墨烯、碳纤维复合材料等碳基新材料的产业化工作，具有良好的研究积累和技术沉淀，拥有相关技术专利400余项。近年来，该所在碳纤维、石墨烯、超级电容炭、球状活性碳等的材料技术上实现了重大突破，解决了许多发达国家“卡脖子”问题。尤其是医用高端碳基复合材料关键技术取得重大突破。

建议：打造“山西碳谷”，建立碳基健康产业对接平台

目前，发展碳基健康产业新材料还存在一些困难，比如：学科建设有待整合、产业研发缺乏聚焦等。

刘洋说，碳基健康产业新材料的研发涉及学科交叉较多，不仅需要精通材料结构特性，还需要丰富的应用设计、医疗装备、临床卫生等学科的深度介入。

我省前期虽然有中科院山西煤化所、山西医科大学、太原理工大学等机构介入，但缺少联合建设的优势学科，缺少医工结合培养的专业学科，这是影响相关科研的短板。加之相关科研、院校、医疗机构、生产企业分属多个行业部门主管，有待更进一步整合产学研力量。

如何发展健康产业碳基新材料？刘洋调研后提出发展建议：在建中的中国科学院大学太原能源材料学院中，建设“医工结合”的学科。中国科学院大学太原能源材料学院由中国科学院大学、太原市政府、中国科学院山西煤炭化学研究所、中北大学共建，计划于2022年招生。其定位目标之一就是推动多学科交叉融合，促进碳基材料制备与应用。

他建议，在该学院学科设置时，考虑围绕碳基健康产业新材料，设置相关医工结合的学科。培养一批既懂医学又懂材料学、工程学的复合型人才。支持研发高智能、高科技、高品质的康复辅助器具产品和康复治疗设备，研发具有中国自主知识产权的高性能医疗器械产品。

其次，科研管理部门设置碳基健康新材料科研专项。为高效引进碳基材料项目，巩固和扩大碳基材料产业的领先优势，加快山西省先进碳基材料产业发展。刘洋建议，省、市科研管理部门，设置碳基健康新材料科研专项。

第三，药监部门为碳基健康新材料审批开放绿色通道。刘洋建议，相关部门充分利用国家综改试点区的政策，大胆先行先试，突破制度藩篱和禁区，为碳基材料医疗器械审批开放绿色通道。同时，整合辖区内各相关企业、医疗机构优势，集中攻关，开展临床试验，为三类医疗器械报批做好政策解释和企业服务。

第四，打造“山西碳谷”，建立碳基健康产业对接平台。参照“山西农谷”的管理模式，因地制宜打造“山西碳谷”，统筹规划研发、生产布局对接平台，通过政、产、学、研、用协同创新，打造从基础材料、制品器件到终端应用的技术创新链，形成料-材-器-用的一体化解决方案，重点孵化培育一批“高精特新”碳基健康产业领军企业。

第五，培植市场前景良好的重点企业。刘洋说，建议政府要精准定位，以骨科和口腔科为先导，引导企业在植入型骨科器材（髓内钉、固定板、脊柱钉棒系统）和口腔（碳纤维桩）等领域，开发多品种、高附加值的系列碳基新材料产品，实现材料设计、工艺开发、装备研制和应用推广的集群式突破。

山西晚报记者 李莉

2022年1月，山西省两会上，记者专访政协委员刘洋的报道刊登于《山西晚报》

的困难，进行出谋划策；第三是帮助一些弱势群体，比如一些罕见病患者，或者是一些没有渠道解决问题的部分群

众；第四是医疗卫生体制改革、医养结合这项工作，包括养老制度的建立以及医疗卫生、教育以及中医药的发展等。

在这四方面通过深入的调查和研究，针对自己发现的问题提出了可行的方案，这些方案有的快速落地，有的逐渐得到了落实，有的能够变成政策，有的逐渐被相关的行政部门所关注和重视。

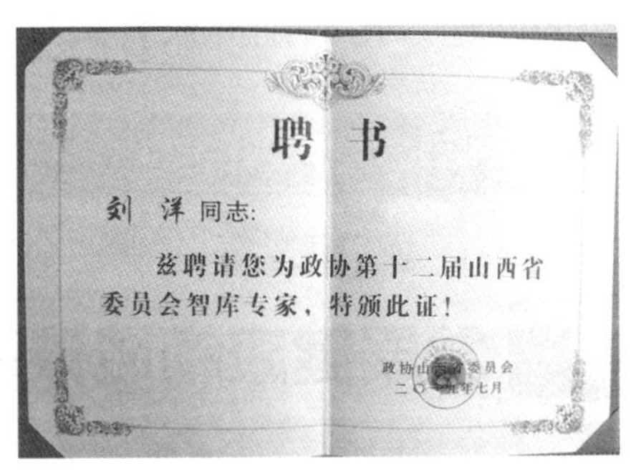

聘 书

刘 洋 同志:

兹聘请您为政协第十二届山西省委员会智库专家，特颁此证！

政协山西省委员会

二〇一九年七月

2019 年，刘洋被山西省政协聘请为政协第十二届山西省委员会智库专家

所以我觉得作为一名政协委员，能够借助政协平台发挥自己的作用，特别自豪。当然省政协也特别关注委员的意见建议，我的提案先后获得几次优秀提案奖，我也被聘请为省政协的智库专家。同时因为我在省政协的表现突出，被省高级人民法院、省人民检察院、省信访局等单位邀请成为相关领域的监督员或者专家，更好地促进了作为政协委员民主监督、参政议政职能的履行。

我认为政协委员不仅是一个身份，更是一种责任。我

作为政协委员，时刻以这种特别的身份要求自己做得更好。政协更像一个家庭，在这个家庭你会见到在各个领域有特长、有能力、有才华的人，可以从他们身上学到好多东西。在政协这个平台上，还能够增加自己的阅历，我觉得在三届履职过程中，自己一届比一届更加成熟，一届比一届更能发挥作用，非常感谢山西省政协这个平台！

传承接力棒，十几年支援基层建设，是坚持不懈的追求

王晋芬

> 作为我们这个行业的学科带头人，平常要下基层进行调研和督导的时间很多，次数也很多。这个调研的整个过程是分文不取的，我们自己驾车，尽量当天去当天回，而且一直延续到现在，这么多年都是在义务地做这项工作。我们现在的年轻人接过接力棒以后，他们还在持续推动这项工作，因为这是一个持续的过程，社会在进步，对病理科的要求也在不断提高，所以大家就是带着这样的一种责任感和使命感，坚持不懈地在做这个工作。

王晋芬，第十一届山西省政协委员，享受国务院政府特殊津

贴专家，病理科国家临床重点专科学科带头人，山西省名医、主任医师、二级教授。中国抗癌协会理事，山西省抗癌协会副理事长兼秘书长。曾任山西省医疗质控中心病理质控部主任委员、山西省肿瘤医院肿瘤研究所副所长。工作期间关注基层医院建设，于2013年、2016年，分别提出《建设远程数字病理会诊平台，解决基层医院老百姓看病难看病贵问题》《建设好县级医院的病理科是实现医疗资源下沉的重要举措》的提案，推动了山西省县级医院病理科的建设和发展。

从事病理工作40年，为患者服务是最大的快乐

我叫王晋芬，2013年到2017年担任第十一届山西省政协委员，属于医卫界别。1983年，我从山西医科大学毕业以后，一直在山西省肿瘤医院从事病理工作。2007年至2017年期间，担任山西省肿瘤医院肿瘤研究所副所长。在工作期间，又不断出去“充电”，曾经先后在上海肿瘤医院、英国UCL医学院、香港中文大学、美国南加州大学医学院进修学习。

委员通知书

第404号

王晋芬 同志：

经政协第十届山西省委员会常务委员会第二十九次会议协商决定，你为政协第十一届山西省委员会委员。

特此通知

中国人民政治协商会议

山西省委员会

2013年1月15日

2013年，王晋芬收到了山西省政协的“委员通知书”

社会任职方面，曾经担任过中华医学会山西病理专业

委员会主任委员、中国抗癌协会肿瘤病理专业委员会副主任委员、山西医学会病理专业委员会主任委员，享受国务院政府特殊津贴专家。到目前（2023 年），我还担任中国抗癌协会理事、山西省抗癌协会副理事长兼秘书长、中国抗癌协会肿瘤病理专业委员会常委、山西省抗癌协会病理专业委员会主任委员。

2011 年，我带领的科室成为国家临床重点学科，这也是山西省肿瘤医院唯一的重点学科，也是山西省病理界唯一的国家临床重点学科，这就是我的工作情况。重点开展的工作有：常规病理诊断、快速病理诊断、术中冰冻病理诊断、病理会诊、细胞学涂片、液基薄层细胞病理诊断（个别医院在妇产科）、免疫组织化学、分子生物学等。

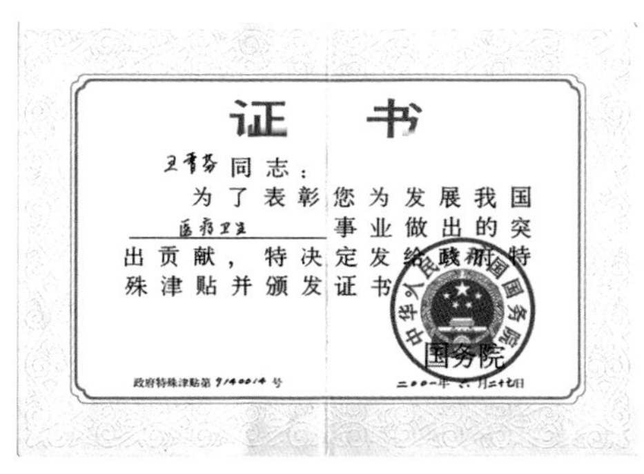

证书

同志：

为了表彰您为发展我国事业做出的突出贡献，特决定发给政府特殊津贴并颁发证书

国务院

政府特殊津贴第　号

2001 年，王晋芬获得国务院颁发的“政府特殊津贴”证书

为什么我们这个科室成为国家临床重点学科？1995 年，我从国外回来，当时我们病理科只有十几个人，就开

始积极开展疑难病理会诊。因为正常上班时间不够，我们每周加班两天，从那个时候一直坚持到现在（2023 年）。昨天晚上我们也是从下午 6 点，一直加班到 8 点半。我们一直以来都是如此，加班时间大家坐在一起，把所有上班时间没来得及处理的疑难病理，共同解决掉，真正给患者拿出一个精准的诊断。而且就这个团队来说，大家都是很开放的心态，不会相互计较，不会有所保留，就希望把年轻人都培养起来，让年轻人能青出于蓝而胜于蓝。到现在（2023 年），我们科室一共 70 多人，不内耗，风气好，科室里已经培养出了 15 名博士。

我从事病理工作前前后后，到今年（2023 年）正好是 40 年。从毕业到现在，我常跟我的同行说，我非常热爱这个专业，同时也很有成就感，特别是在给患者诊断疑难问题的时候。因为我们科室是国家临床重点学科，专科会诊非常多，而且在淋巴瘤诊断方面，我个人在全国也有一席之地，大家把我的报告拿到全国还是很有权威的。给病人做出正确诊断，让病人得到正确治疗的时候，我们真正为患者服务了，同时自己的内心也得到了一份快乐。

前几天遇到一个病人，是朋友亲戚的小孩，全身淋巴结肿大，当时怀疑是淋巴瘤，把全家人都吓坏了。家人把病历拿给我以后，全家人都等着我的病理诊断报告。后来通过诊断发现，这个其实不是淋巴瘤，而是一个淋巴结的反应性增生，他们听到结果以后高兴地拥抱在一起庆祝。这就是我从事病理工作的快乐之处。

从 2009 年起，我担任山西省医疗质控中心病理质控部主任，从那时候开始，每年都组织全省病理专家对基层医院的病理科进行调研、督导、培训，以及开展质量控制工作。到 2017 年，这项工作的接力棒传到新的质控部主任郗彦凤手中，持续坚持这些工作，虽然有不少困难，但是我省的基层病理工作还是取得了长足的进步。

2022 年，山西省病理质控评片活动现场

这项工作以前是我带团队，我们年轻的学科带头人成长起来以后，由他们带着团队对全省的所有二级医院进行

调研和督导；同时每年要举办多次全省质量控制测评活动，包含常规病理、免疫组化的质量控制工作；还有每年都要举办三到四次学术活动，对基层的病理医生进行培训；同时还开展远程医疗，对基层医院的数字切片进行远程诊断。

为基层老百姓发声，最早提出远程医疗提案

在担任省政协委员的 5 年时间里，我坚持认真履职，总共提出 15 件提案，内容主要集中在和我专业相关的方面，比如加强县级医院的病理科建设、远程病理诊断、分级诊疗等，围绕这些方面提出提案，其中很多提案被评为优秀提案。

2013 年，在省政协十一届一次会议上，我提出了《建设远程数字病理会诊平台，解决基层医院老百姓看病难看病贵问题》的提案。

这个提案主要针对远程医疗的问题，主要是当时数字化切片技术已日渐成熟，可以应用于远程医疗。我们可以通过数字切片仪，把制作好的切片进行扫描，成为数字切片以后，再通过网络传输，这种影像和显微镜下看到的真实影像是非常相近的。

这样的话，就让基层的老百姓真正实现了在当地就可以得到省级知名专家的诊断。得到诊断后，患者可以继续留在基层医院进行治疗，不需要再去大医院东奔西走，真

正地实现了医疗资源的下沉。同时远程医疗大大降低了老百姓的看病成本，解决了大病“看病贵、看病难”的问题，让普通老百姓成为最终的受益者。

之所以提这个提案，还是因为发现了当时山西省病理存在的问题，特别是地方医院的问题。当时，因为病理诊断错误导致的医疗事故和纠纷时有发生。由于病理判断的错误，导致临床对病人的治疗过度或治疗不足，比如不应该切除的器官被切除了，有些重要的器官被切除后给病人带来终身的伤害，有些本应进行手术治疗的没有得到准确的治疗，造成病情延误。

由此给病人、社会、医院和当事医生带来了沉重的负担，并对医学事业的发展带来巨大的负面影响。有时患者在中小医院得不到诊断，于是患者或家属带着病理切片全国会诊，造成不必要的经济和医疗资源负担，并出现大医院“吃不了”、小医院“吃不饱”的现象。

分析出现这种状况的原因，主要是病理专业的复杂性。培养一名病理医生至少需要 10 年，但多数医院对病理科重视不够，病理工作者普遍待遇低，不同级别医院的差异非常大，病理人才严重匮乏，中小医院在这方面的问题尤为突出。我当时作为中华医学会山西病理专业委员会主任委员与山西省医疗质控中心病理质控部主任委员，经过 3 年多的全省病理质控工作与基层调查了解到：当时山西省二级及以上医院有 250 多所，有病理科的医院约 100 所，其中约 1/3 的二级医院病理科与检验科在一起，还有 100 家左右的医院没有病理科。这严重制约了病理临床的发展，影响了对患者的正确诊治。在地市级医院，有相当数量的病例需要上级医院会诊，在县级医院约 50% 的病理科不能完全胜任工作。

一定要让基层老百姓在当地得到准确的诊断

其实我的提案都是基于平常工作中的关注和积累，是更加细化的一点一滴的工作。作为我们这个行业的学科带头人，平常要下基层进行调研和督导的时间很多，次数也很多。从 2009 年开始，我记得第一年的时候对 80 多家医院进行了问卷调查，然后亲自下基层，有 10 多个省级医院的病理专家参加，他们都是省病理质控中心的成员，我们一起下去进行督导，到在政协提出提案已经有几年时间。

当时大概调动了山西省的各大医院，由肿瘤医院牵头，因为我那个时候是主任，带领山医大一院、山医大二院、省人民医院等主要的省级医院的工作人员，他们都是业内的资深医生，大概有十几个人，我们科去的人要多一些，大家分布到各个地区，以地区为单位，分头进行调研和督导。到基层以后，主要是了解当地病理科的组建、发展以及变化情况，以此来发现其中的困难和问题。

这个调研的整个过程是分文不取的，我们自己驾车，尽量当天去当天回，而且一直延续到现在，这么多年都是在义务地做这项工作。我们现在的年轻人接过接力棒以后，他们还在持续推动这个工作，因为这是一个持续的过程，社会在进步，对病理科的要求也在不断提高，所以，大家就是带着这样的一种责任感和使命感，坚持不懈地在做这个工作。

针对以上问题，结合我们在各地实地调研的情况，我在这个提案中提出了三点建议。

一、利用优势资源，建设远程数字病理会诊平台，解决基层医院老百姓看病难、看病贵问题。因为我们科室当时已经是国家临床重点专科建设单位，2012 年再次成为山西省重点学科，汇集了一支优秀的病理专家队伍，所以我提出依托山西省肿瘤医院，依靠省级各大医院的专家队伍，建设远程数字病理会诊系统，使得中小医院的患者在当地就可以得到省级专家及时准确的诊断，诊断后将适宜于在基层治疗的患者，在当地就可以得到及时的救治，需要转诊的病人可以得到规范化的转诊，同时对全省的病理质量可以进行实时质控、考核等。这样既解决了基层医院老百姓看病难、看病贵的问题，还可以有效避免因基层医院的误诊、漏诊，造成的医疗纠纷，减少给病人、社会、医院和当事医生带来的损失。

二、建立山西省病理医师和病理技术员规范化培训基地。我建议，在省卫生厅的领导与管理下，建立山西省病理医师和病理技术员规范化培训基地，主要目的有三个：1. 提高全省病理医师的诊断水平；2. 提高全省技术员的技术水平，对全体技术员实行规范化培训和持证上岗（由基地进行培训，卫生厅发证）；3. 对缺少病理医师的医院，先培养技术员，通过远程病理会诊系统解决诊断问题，根据卫生部对于等级医院的要求及卫生部下发的《病理科建设与管理指南》要求，协助基层医院评定等级医院。

三、远程数字病理会诊平台经费问题的解决途径。我提出远程数字病理会诊平台不同于其他远程会诊，经数字化切片系统扫描后，就能上传会诊。所以基层医院有了这个设备以后，很快就可以把数字切片传输给我们病理科，我们就可以选择时间，在电脑上、手机上把这个切片调取出来，然后根据它的形态，经过一系列工作来做出正确的诊断。数字切片大大解决了时间和空间的问题，也帮助我们的病理工作整合了资源，提高了效率。而在当时，数字病理扫描系统根据不同配置需要 50 万至 200 万元不等的花费，对基层医院是一笔不小的负担。因此，这笔费用若能由政府给予部分帮助，医院进行配套，企业给予让利，远程数字病理会诊平台的建设才能真正得以实施，才能利用这个平台从病理的角度，为基层老百姓解决看病难、看病贵的问题。

从远程医疗的角度来说，我觉得近 10 年来山西取得了长足的发展。

我印象中，远程医疗最早应该是在 2012 年开始的，当时的卫生部成立了一个远程病理的会诊中心，依托卫生部的支持，我们科就成为了省级会诊中心，我是省级会诊中心的第一个远程病理会诊专家。当时是卫生部和麦克奥迪合作，企业把一些设备投放在我们科，基层医院碰到疑难病例的时候，就会扫描成数字切片传输给我，我就在工作之余，及时地给他们做病理会诊。

提案之前或者在远程医疗开始之前，不同等级的医院还是存在很大差异的。因为诊断的差距，基层医院患者很少，三甲医院人满为患。而且当时分级诊疗还不健全，远程医疗也没有开展。所以病人只能拿着病理切片到处跑，不仅加重了病人家庭的经济负担，也造成了很严重的医疗资源浪费。

有了远程会诊以后，越来越多的患者在基层医院就能得到专家的诊断，病人留在基层医院就可以得到准确的治疗，扭转了基层医院无人问津、大医院人满为患的局面。那么发展到现在（2023 年），远程医疗的工作量在逐渐加大，我们的专家人数在不断增多，有越来越多的新鲜血液加入，我们年轻的主任们也成为这支队伍中的专家，成长为远程会诊的主力军。

为什么说“建设好县级医院的病理科”至关重要？

2016 年，在山西省政协十一届四次会议上，我提出了《建设好县级医院的病理科是实现医疗资源下沉的重要举措》提案。主要是针对县级医院，指出了建设病理科的重要性。

我毕生从事的是病理研究，首先介绍一下病理科的工作。病理，我们称之为“医之本”，是“医生的医生”；病理诊断，又称为“金标准”，负责对取自人体的各种器官、组织、细胞、体液及分泌物等标本通过大体和显微镜观察，运用免疫组化、分子生物学等技术，结合病人的临床资料，做出疾病的最准确诊断。为患者的临床诊治、预后、靶向治疗提供最准确的依据。

为什么说病理是“医生的医生”，通俗地解释一下。我们要把人体的活检样本、手术样本，还有痰液、体液等，制作成薄薄的、几个微米厚的玻璃切片，然后通过显微镜进行观察。还有的需要做免疫组化，有的需要做分子检测，做完以后我们给出明确的诊断，应用于临床治疗。特别是现在已经发展到了精准医疗的时代，给临床提供精准的诊断就是要靠病理，这样才能使患者得到最准确的治疗。

同时，病理也是医疗行业的桥梁学科，桥梁就是基础，比如对于临床来说，只有在做出正确诊断的基础上才能进行正确的治疗。病理科同时也是科研平台，比如说免疫组化平台、分子病理平台，它承担着医院科学研究的任务。所以说病理对于推动医院的质量管理，还有科研水平提升，都发挥着重要的作用。

现在已经发展到了精准医疗的时代，这里面包括精准诊断和精准治疗。精准治疗，又叫基因治疗或者分子治疗。简单地说，我们人体的遗传结构就叫 DNA，DNA 是像一个扭曲的梯子一样的双螺旋结构，这种结构就决定了我们人体的基因，这些基因就像电脑程序一样，都是按既定序列排列的，如果身体的某些部位变成肿瘤以后，这个序列就改变了，有可能有一段丢了，有可能插入了别的数字，也有可能顺序发生了颠倒。

但是这种改变怎么能发现呢？这就要靠病理的诊断，从病理的角度可以找到这些改变了的靶点，然后针对靶点用药，就能实现对患者的基因治疗。这在医学上是非常大的一个进步，这个进步得益于病理科学研究的发展。所以我们说病理科不仅可以精准诊断，同时也是科研的平台，对于医院的诊断、科研以及管理水平的提高，都发挥着重要的作用。

当时这个提案的背景是基于我们多年来对县级医院的了解。当年我们从南到北几乎走遍了全省的每个地方，我们开展这项工作也已经有了多年的积累。自2009年成立了病理质控中心以后，我们就开始对全省的二级医院进行调研和督导。

2009年10月24日，山西省卫生厅医疗质量控制中心病理质量控制部正式成立

最早的时候是对80家医院进行了问卷调查，后来这80家医院是每年都要陆续走访的。当时最大的问题就是这些医院的人才结构不合理，有相当一部分搞检验、搞护理的人在从事病理工作。再一个问题就是科室装备差、分区不合理，污染区、非污染区没有分开，工作环境污染问题严重。同时因为装备跟不上，导致病理切片的质量不高，严重影响病理诊断。因为这是连锁反应，诊断错误就会导致

临床治疗也发生错误，这样对患者可能带来巨大的损害。这些都是最直观的问题，使得我们以高度的责任感、历史的使命感，不断提高解决实际问题的能力。

通过多年的工作，我们发现山西的病理学技术发展很不平衡，二级医院的病理科远不能满足患者的需求。当时全国有一个调研数据，全国的病理医生缺口为两到三万人，我们山西是处在中游偏下的一个水平，所以，我们的人才也是非常匮乏的。造成这种匮乏的原因，主要是病理工作的复杂性，而且人才培养的周期也比较长。比如说临床医生可能锻炼 5 年就上手了，但是我们病理工作需要下更大的功夫，必须坐得住，至少需要培养 10 年才能成为一个好的病理医生。

还有就是因为这是一项幕后的工作，很少有老百姓知道和关注它。我们是因为多年从事这项工作，能感受到它的魅力所在，所以热爱这份工作。但是老百姓不清楚，就连医学院的毕业生也对病理工作存在认识上的偏差。很多人可能宁愿去临床，也不愿意到病理科来。三级医院还好一些，到二级医院可能就很少有人愿意去，所以基层医院病理人员的学历结构很差，专业水平参差不齐，最后造成了人才的匮乏。当时相当一部分医、技人员根本就不具备从事病理工作的资质。还有一点，那时候病理科的建设也不受医院的重视，影响了病理事业的良性发展，影响了患者的诊治，甚至造成医疗纠纷。因为病理科的收费偏低，造成了众多科室中，医院对病理科的支持力度较小，领导的重视程度也会有不同程度的偏差。这些原因造成了病理科的发展比较滞后。

认真分析原因，提出合理建议

分析这些问题背后的原因，归纳起来主要有三点。

一、许多医学院校毕业生缺乏对病理学的正确认识，受社会风气的影响，择业时只看重临床的岗位。

二、医院领导层认为病理的经济回报少，忽视病理学的重要性，即使组建了病理科（室），也只是为了上等级、达标准，由检验或护理人员担任病理医生或兼职，缺乏对病理科应有的支持。

三、许多农村患者受文化限制，不懂得病理诊断的重要性，为了省钱，不愿做病理检查。部分基层单位，手术医生为了“方便”患者，不送病理检查，忽视了病理诊断的科学性和重要性。

发现这些问题以后，我们在调研的同时就要起到督导的作用。我那时候因为也是班子成员之一，每次带着全省的病理专家下去调研的时候，我都要找到医院的院长，然后强调病理的重要性，引起领导对病理的重视，通过这些年的努力，逐渐看到了改善的成效。

为什么县级医院的病理科如此重要呢？在调研中我们发现，县级医院再往下的医疗机构，比如像乡镇医院，就没有必要去设病理科了，因为本身人才就少，需求也没有这么多。比较合理的就是以县级医院为中心，向周围的乡镇进行辐射，县级以下如果有病理需求，还是建议到县级医院去，这样既可以形成就近的资源整合，同时增加了县级医院的病人，对他们诊疗水平的提高也有所促进。

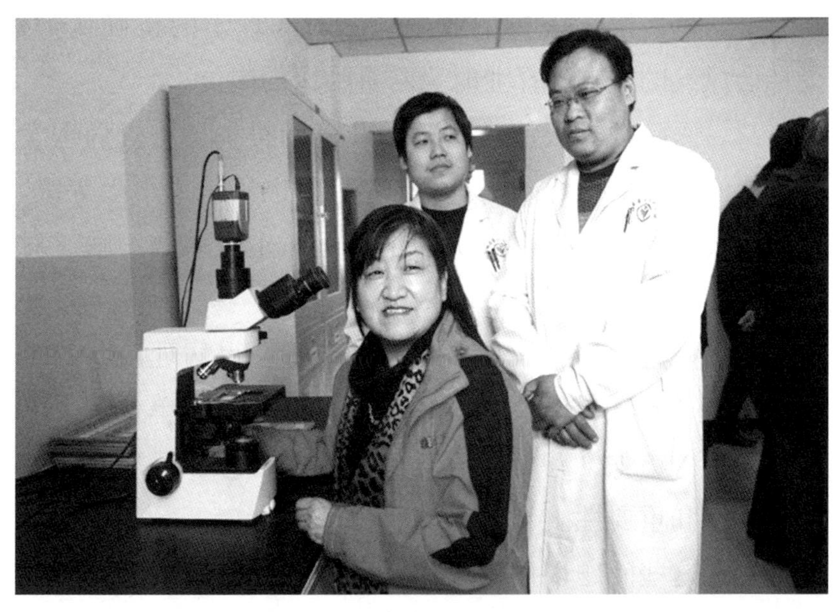

王晋芬（左）调研阳城县肿瘤医院

针对发现的这些问题，我在提案中主要提出了三点建议。

第一，就是要抓大放小，抓大就是要抓住县级医院的病理科，放小就是放掉乡镇医院的病理科。建设好县级医院的病理科，其他二级医院可以与县级医院建立协作关系，将病理标本就近送到县级医院的病理科，这样既可以保障县级医院病理标本的数量与病理医师的诊断水平，又就近解决了其他二级医院病理诊断的问题。

第二，建议县级医院的领导应当重视病理科的人才建设与学科建设问题，在待遇方面给予适当扶持。

第三，对于一些疑难的病理诊断问题，建议政府给予投资，建立远程病理诊断平台，使得患者在当地就能够享受到大医院专家的服务，真正实现医疗资源的下沉。因为我自己是国家远程病理会诊中心的第一批专家，通过这个平台延伸到我们应该建设县级医院的远程医疗，县级医院的疑难病理可以远程发给省级医院的病理专家来会诊解决，让病人在当地就可以得到三级医院高级专家的诊断。

积极采纳建议，逐步落地政策

当时提案提出以后，省政协就转给了山西省卫生厅。省卫生厅也给予了积极的反馈，肯定了我的建议，也提出了他们的意见。当时省卫生厅已经出台了关于医疗资源下沉的指导意见，回复中表示会积极采纳我的建议，比如说做好远程医疗服务，使得基层患者能够在当地得到省级医院专家的指导，真正把患者留在基层，留在县级医院，实现医疗资源的下沉。

在后来的工作中，省卫生厅也出台了相应的加强县级医疗建设的一些政策。同时也给基层配备了仪器设备，使基层的医疗装备得到了改善。尤其是在最近几年对县级医院进行升级改造以后，很多县级医院的硬件建设甚至可以达到三级医院的水平，尽管在软件建设、人才方面还都有待改善，但是都在持续不断地提高过程中。

经过这么多年的努力，我们确实发现县级医院的水平有了很大提高，无论从诊断方面、人才方面，还是对周边的辐射，都起到了很好的引领作用，这样就可以把病人留在当地，真正实现了分级诊疗的愿望。

虽然这项提案是在 2016 年提的，但是在之前和之后，对县级医院病理科的建设工作一直在持续进行，我们每年都要到基层进行调研和督导，包括省卫生厅的建设工作也是持续不断的。从人才方面加强培养，设备方面提高配置，在管理上进行规范。以前的比如搞检验的、搞护理的，就不可以再从事病理诊断工作，一定要有医师资格的才可以，按照执业医师法进行严格的规范。病理装备上，政府也加大了对基层的投资。远程医疗方面，加强了与企业的联动，给一些基层医院构建了数字病理的平台，用于远程医疗的使用。

王晋芬（左四）考察运城中心医院病理质控情况

从工作层面来看，现在（2023 年）全省的病理会议，人员能达到 400 人，这是有史以来最高的数字。另外，我们病理质控中心，每年除了对基层的各级医院病理医生进行培训以外，还要开展质量控制评比活动，比如常规病理的评比、免疫组化的评比等，这些评比活动的参与度越来越高，合格率也在逐年升高，这些都说明县级医院的病理科建设工作正在不断地持续改进中。

虽然问题是持续存在的，但我觉得病理科整体进步还是比较大的。特别是对于县级医院，政府加大投资进行升级改造，很多县级医院的硬件建设已经达到了三级医院的水平。同时也开展了新工作，比如说像免疫组化，这在 10 年前县级医院是普遍不开展的，现在（2023 年）都普遍开展了这项工作。

具体在人才建设方面，一个是人才的合理化，根据执业医师法，把一些过去的检验人员、护理人员都排除在外，另一个是病理人才也越来越多了。同时，医学装备也比以前先进了，特别是病理实验室装备基本在县级医院已经普及，而且所有科室都干干净净，不再有过去福尔马林、二甲苯的味道，分区也合理了。

近10年来我省病理科进步明显

说到近10年来我省医疗条件的变化，我们重点关注的是二级医院的改革。2009年，依托山西省卫生厅下属的医管所，成立了山西省病理质控中心，当时我任病理质控中心主任。从那时起，带着对我们专业的热爱和对基层医疗的关心，开始对二级医院进行调研和督导，这项工作一直延续到现在，正在传承给我们的年轻人，我们还在这些方面持续地工作。

当时发现，在我们的二级医院还是存在着很多问题，无论从人才、装备，还是他们的诊断水平，都有很大问题。人才方面，当时缺乏规范性，比如说病理工作，当时有检验人员、护理人员也在做诊断工作，所以当时对诊断的要求与现在的执业医师法是不相符的，人才管理不规范。装备和硬件方面，基本不符合标准。因为病理要接触福尔马林、二甲苯等，当时我们下去督导的时候，到处都有刺鼻的味道，非常呛人，就连我们病理专业的都接受不了。还有最重要的一点，诊断水平有限，切片的质量比较差。

所以针对这些问题，这些年来，我们召集全省的省级病理专家到各地进行督导、开展培训、搞学术活动，还会针对某一项技能组织比赛，比如对免疫组化的切片诊断每年都会进行比赛。从最开始通过的比例很低，到后来这项数据在逐年升高，体现的是这些年诊断水平的提高。

山西省第 35 届病理学术年会留影

在初期的时候，召集一次会议，有 150 人就会觉得这个会议的人数挺多，但是发展到现在，我们召集全省的病理会议，现场至少能有 400 人。这方面也体现了我们病理人才方面的改善。2022 年，我们一共调研了二级医院 167 所，设病理科的医院达到了 130 所，病理科的设置、人员的规范、装备、开展的工作等方面都有所改善。人才结构上，二甲医院中级职称以上的占46.9%，专科学历以上的占50.2%。二甲以下的单位，中级职称以上的占33.8%，专科学历以上的占40.6%。人才结构明显改善。

从病理装备上来说，国家给予的支持和投入越来越多，地方也在不断增加设备，对比以前有了很大的改善。从我们的督导工作，还有会诊工作来看，也能感觉到基层的切片质量有了明显提高。

从诊断的水平来看也是如此。我开始做这项工作的时候，县级医院几乎不开展免疫组化，但是现在县级医院大部分都能开展免疫组化。当然从国家层面来说，也颁布了一些分级诊疗的政策，给予基层很多方面的支持，所以我觉得方方面面确实有了很大的改善。

即便如此，对于当前的病理科建设仍有很多不足。从整体来看，我省的病理学科发展相对较慢，大多数医院对病理科的投入不足、重视不够。病理科普遍面临人员短缺、设备陈旧等问题，学科发展受到阻滞。病理科资源分布不平衡，高学历人员、先进技术和设备主要集中在几家省级医院，市、县级医院病理科技术落后，人才存在青黄不接问题，外出学习的机会也比较少。

联名提案：深化医疗改革，推进分级诊疗

2016 年，我们医卫界别还提出过一个《进一步深化医疗体制改革，推进我省分级诊疗制度的建议》的联名提案。针对当时的实际问题，主要提出了 10 项建议来推进我省分级诊疗制度的形成。

1. 以建立机制为路径，制定并落实分级诊疗政策。细化各级医疗机构的功能定位，完善财政管理机制，明确各级医疗机构功能，编制发展规划等，严控大型公立医院的发展规模，明确基层医疗机构的基本医疗和公共卫生职能。

2. 完善双向转诊的标准和程序。组建临床专家小组，细化上转和下转标准，制定双向转诊的指导原则和明确转诊程序，简化转诊手续。

3. 明确考核指标，建立监管制度。要加强考核指标的连续监测，将分级诊疗实施情况纳入对医疗机构的考核内容。建立监管制度，成立监管小组，制定监管细则和细化评估方案，完善网络统计报告体系，及时掌握监管信息。争取医保部门支持，将重点监测指标纳入对医疗机构的考核，通过调整医保费用结算方式约束医疗机构的行为。

4. 推进全科医师制度建设，完善激励考评机制。应建立完善我省全科医师培养体系，通过规范化和转岗培训方式培养全科医生，加快全科培训基地的建设步伐。

5. 完善基层人才准入制度。以工作业绩和能力，尤其是健康管理、疾病预防和基层医疗机构所需的全科医疗的临床能力为主，进行考核准入。

6. 强化长效对口支援机制，依托多点执业政策，最大限度发挥现有医疗人员的服务能力。依托多点执业政策或返聘高端退休医生下基层等，尽快打造一批素质较高、数量充足的“守门人”队伍，缓解基层医疗队伍质量不高、人员短缺的问题。

7. 严格执行基本药物制度，根据基层医疗首诊需要扩大基本药物范围或允许基层配备一定比例的非目录药品。加强对处方用药的监督，确保基本药物优先合理使用，保障贫困人群对基本药物制度的可及性。允许基层医疗机构配备一定比例的新药和特色专科用药，满足有条件的居民使用新药的需求，满足部分向下级医院转诊患者的康复治疗用药需求。

8. 以医保调控为关键，实行差别化医保政策。优化不同等级医保住院报销比例，加大医保对基层医疗机构的倾斜力度，充分发挥门诊统筹基金的引导作用，发挥医保约束机制作用。

9. 以三级医院为核心，建设区域化医联体。以三级医院为核心，牵头试点，或在距离医疗机构较远的地方优先试点，逐步建设区域化医联体。推进紧密型医疗联合体的发展，以托管、并购等形式开展深度合作，确保优质资源共享。

10. 统一全省信息化标准，逐步实现信息共享。共享患者病例信息和医院床位信息，落实双向转诊；实行预约挂号、双向转诊、远程会诊、异地医保报销等信息互通；实现标准化治疗程序推广和医疗费用控制等。

王晋芬（左）调研武乡县妇幼保健院

经过这么多年的发展，我们也看到了政府在推进分级诊疗方面的努力。到目前为止，山西基本已经形成了“基层首诊、双向转诊、急慢分治、上下联动”的分级诊疗模式，也建设了与我们国家分级诊疗相匹配的一些制度。

政协平台至关重要，身为政协委员是一种荣耀

政协对于推动社会的进步发展起着至关重要的作用。有了政协这个平台，更多人就有了建言献策的机会。通过社会实践和调研，把现实中发现的问题，把与我们工作切实相关的专业建议，反馈给我们的上级部门，以便相关部门更好地制定政策，精准施策。所以说政协在这些方面发挥了明显的作用。

我认为政协委员既是荣耀，更是责任。自身感觉有一种责任，要为全省的医疗建设作出自己的贡献，政协委员的身份和我的工作是密不可分的。很多提案建议也是源于我这么多年在行业里的努力，特别是有了很多到省外、国外不断学习充电的机会以后，接触了外界先进的技术、设备，特别是先进的医学思维和理念，开阔了视野，扩大了知识面，使自己在专业水平上更加有底气。

俗话说，打铁还需自身硬。学习归来以后，得到了国家和行业的认可，也得到了医院的肯定，进入了领导班子，成为我们山西病理学科的带头人。站在省政协的平台上，对我更是一种激励，感觉自己更加有责任来推动全省病理行业的发展。

所以，除了到各地调研和督导以外，我们病理科在日

常也主动加强省级医院与基层医院的联系。我们经常会对县级医院、兄弟医院的病例进行会诊，病理科作为国家临床重点学科，努力依靠自己的专业水平来为其他医疗机构服务好，为患者服务好，通过精准的诊断帮助他们得到正确的治疗，同时也体现自己的一种人生价值。

要说在政协履职的心得体会，我觉得责任与情怀是不可分割的，是相辅相成的。我们首先要有一个正确的人生观和价值观，成为政协委员是一份荣耀，同时更要有情怀和责任。通过省政协这个平台，来体现自己对社会的价值，实现社会价值更是提升个人价值的一种形式。这样就更加有责任通过自己的专业知识和行业经历，为医疗事业的发展尽自己的一份义务。

同时，能在政协平台上与这么多优秀的人才相遇，对个人来说是非常幸运的。与高人为伍，对自己也是一种提升，大家一起做对社会有意义的事情，是一份更深的社会责任感的体现。

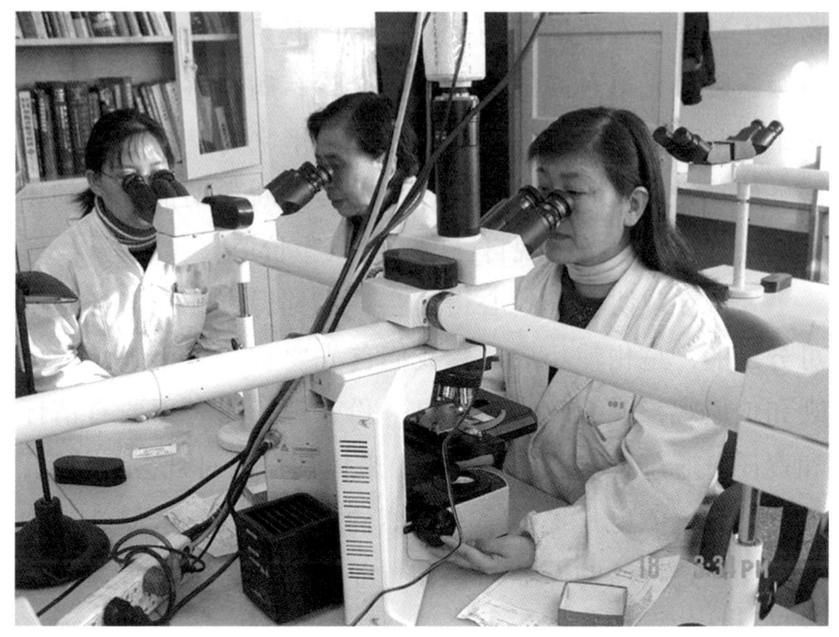

王晋芬（右）在工作中

分文不取，发挥余热

我退休以后，依然担任着山西省抗癌协会副理事长兼秘书长，依然从基础上推动着我们山西省肿瘤事业的发展，尽自己的力量为社会作贡献，为广大的肿瘤患者作贡献，我觉得对自己也是一个提升。

对于山西省医疗工作的展望，我希望从省卫健委到各地市级卫健委以及各级医院领导，对病理科的发展给予重视。病理科是连接临床和基础的重要纽带，病理科和病理科医生的水平是衡量医院医疗质量的一个重要标志。尤其是在精准治疗的今天，病理诊断对临床疾病的诊治具有重要的指导意义。希望各级医院能重视病理科的持续发展，加大病理科人才培养力度，增加技术和设备投入，提高病理工作人员的待遇，促进全省病理学科发展，提高基层病理服务能力。同时也希望能够有更多的经费支持，加强对病理科、远程医疗设备等方面的建设，解决基层的实际问题。

后　记

在山西省政协和社会各界的关心支持下，《山西省政协口述史（第一辑）——委员提案里的山西故事》顺利出版。本书共3个专题，记录了14名省政协委员关心山西经济社会发展，积极参政议政的故事。从他们的故事中可以看到政协委员认真履职的身影，反映了改革开放以来山西在交通、水利、医疗等民生领域取得的巨大进步。希望通过本书，让更多的人了解政协委员们为国家和人民作出的贡献，传承他们的优良传统和崇高精神。

在本书的整理、编纂和出版过程中，山西省政协党组高度重视，我们秉持高度的责任感与使命感，严格遵循省政协关于加强口述史专题化指示，围绕历年重点提案精心开展访谈。访谈团队深入走访委员，倾听经历与见解，挖掘提案背后故事，整理出兼具历史与档案价值的资料，助力大众了解政协工作、委员风采。山西省政协主席张春林对书稿逐字审阅，亲笔精准修改校订8处，还提出诸多前瞻性、指导性意见，为本书高质量出版奠定坚实基础。

山西省政协办公厅、各专门委员会、民主党派对口述史工作给予了大力支持，在他们的帮助下，我们得以顺利进行采访和资料搜集工作，确保了本书的质量和水准。提案委员会提供了许多有重要档案价值的资料，拍摄制作团队晋商行高质量完成了拍摄任务，认真整理口述史文字。山西教育出版社精心组织图书编排，认真审核稿件，主动对接，严格把关，图书的品质得到有力保证。

接受访谈的政协委员，他们从繁忙的工作中抽出时间，认真梳理资料，精心准备访谈，彰显了政协委员的使命和担当。他们还对我们提出了许多宝贵意见和建议。在此，我们向所有接受采访的政协委员表示衷心的感谢和崇高的敬意。

在此，对所有关心支持山西省政协口述史工作的单位和个人致以最诚挚的感谢。希望这部政协委员口述史能够成为一部有益于世、传之后人的作品，激励更多的人为国家和民族的繁荣富强而努力奋斗。在新时代的征程中，让我们继续携手共进，为实现中华民族伟大复兴的中国梦而努力拼搏!

编 者